中小学生不得不读的故事丛书

让 青 少 年 懂 得

遵纪守法的故事

畅销版
课外阅读系列

每一个好故事，都会带你种下完美人生的种子；每一个好故事，都是我们领悟人生的一盏明灯；每一个好故事，都是我们人生的一块基石。它给我们智慧的启迪，让我们抓住希望，对今天更加珍惜，对明天充满自信！

本书编写组◎编

世界图书出版公司
广州·上海·西安·北京

图书在版编目（CIP）数据

让青少年懂得遵纪守法的故事 /《让青少年懂得遵纪守法的故事》编写组编著. —广州：广东世界图书出版公司，2010. 2（2021.5 重印）

ISBN 978 - 7 - 5100 - 1508 - 3

Ⅰ. ①让… Ⅱ. ①让… Ⅲ. ①品德教育 - 中国 - 青少年读物 Ⅳ. ①D432. 62

中国版本图书馆 CIP 数据核字（2010）第 024755 号

书　　名	让青少年懂得遵纪守法的故事 RANG QINGSHAONIAN DONGDE ZUNJI SHOUFA DE GUSHI
编　　者	《让青少年懂得遵纪守法的故事》编写组
责任编辑	韩海霞
装帧设计	李　超
责任技编	刘上锦　余坤泽
出版发行	世界图书出版有限公司　世界图书出版广东有限公司
地　　址	广州市海珠区新港西路大江冲 25 号
邮　　编	510300
电　　话	020-84451969　84453623
网　　址	http://www.gdst.com.cn
邮　　箱	wpc_gdst@163.com
经　　销	新华书店
印　　刷	北京兰星球彩色印刷有限公司
开　　本	787mm × 1092mm　1/16
印　　张	10
字　　数	120 千字
版　　次	2010 年 2 月第 1 版　2021 年 5 月第 10 次印刷
国际书号	ISBN　978-7-5100-1508-3
定　　价	38.00 元

前言

社会主义荣辱观中的“以遵纪守法为荣，以违法乱纪为耻”是每一个公民必须要做到的。遵纪是道德问题，守法是政治问题，但两者是密切相关的。法律与纪律是因人类自身要生存和发展，需要管理生活和规范自身的行为而制定的，它标志着人类的文明程度。没有法，国将不国；没有纪，无法步调一致，万事难成。因此，任何一个国家都要求公民做到遵纪守法。而对于公民来说，惟有能自觉地做到遵纪守法，才可能获得最大的生存自由。如果视纪律与国法于不顾，那必然不是受纪律的干预，就是要受法律的制裁。

纪律和法律是相互依存的，我们日常生活工作中接触最多的是各单位、组织、学校制定的纪律。

那么，什么是纪律呢？纪律就是指一定社会组织要求人们遵守业已确立了的秩序、执行命令和履行自己职责的一种行为规则。纪律作为对人们日常行为的一种监督手段，反映着一定社会中占统治地位的社会关系（包括经济关系），是这种关系的维护手段。纪律的实现是带有一定的强制性的。

纪律对一个单位，一个组织，甚至于对一个国家一个社会来说，都是非常重要的。一所学校如果有严格的纪律作保证，那么就产生良好的校风，为师生创造出良好的教学环境。一个企业只有纪律严明、管理严格，才能保证生产的正常进行，纪律是企业经营和发展的基本前提。纪律存在于社会生活的各个方面，无处不在、无时不有，需要的是人们去认识它、遵守它，以维持正常的社会秩序。

对广大青少年的遵纪守法教育应根据其认识水平，从纪律教育入手，让他们从小建立起规则意识，而且要明确所在学校的校规，所在班级的班规；要了解学校的各种制度，如：课堂纪律规定、图书馆借书规则、阅览室阅览规则、微机房操作规程、体育室管理制度、食堂用餐制度，等等。由学校的一些纪律制度，推而广之，让青少年对必要的社会公共秩序的规定也要有所了解。同时，要青少年明白人小也要守法。

本书以青少年为主要读者对象。通过曹操割发自罚、孙中山不让大哥当都督、林肯替受冤人洗掉罪名等 100 多个古今中外历史名人、伟人遵纪守法的故事，目的是让青少年读者感受到遵纪守法的必要性。

当今世界各国的竞争，从本质上来说是综合国力的竞争，而归根结底是人才的竞争。现在的青少年是 21 世纪的主人，是祖国未来的希望所在。本书的选编和出版，力争做到有利于培养青少年学遵纪守法的良好习惯和优良素质，进而开创一个让公众遵纪守法的社会氛围，这是事关我国未来发展的一个战略性问题。

由于编者水平和视野所限，书中的错误和不足之处在所难免，敬请读者不吝指正。

目录

无规矩不成方圆

WU GUI JU BU CHENG FANG YUAN

郑子产铸造刑鼎

> 不以规矩，不能成方圆。
> ——《孟子·离娄上》

春秋早期，新建的郑国（今河南新郑）位于晋楚两大霸主之间，强国为邻，地狭势弱。为了免于灭亡，郑国国君从一开始就着意进行社会改革，调整贵族和商人、个体农民之间的关系，使商人和个体农民获得了许多权利和自由。子产的父亲子国，就是一个帮助国君进行改革的人，他后来在旧贵族发动的一次武装叛乱中壮烈地牺牲了。

郑子产在平定那次武装叛乱后，被国君委任为“执政”，负责管理全国的行政事务。他年轻有为，懂得立国的根本是要安抚好平民百姓，得到他们的拥护和支持。因此，他首先采取措施改革军赋制度，从而限制了贵族势力，使他们不能“越制”；提高了商人和个体农民的社会地位，使他们取得了在某些方面能与贵族“平等”的权利。这项改革遭到许多贵族的责骂。但子产很坦荡地说：“他们想怎么骂就怎么骂吧，只要对国家有利，我还会舍出性命去做。我知道行善政只有坚持才能成功。”

过去，郑国的法律刑书是被密藏起来的。平民百姓不知法，不懂法，犯了过错任凭执法的贵族随意处置。平民百姓与其说是怕刑罚，不如说是怕执法的贵族。因为执法的贵族说上一句话，平民百姓就会在糊里糊涂中“犯罪”，招致倾家荡产甚至身首异处的厄运。对于这种做法，郑国的商人和个体农民是很不满意的。

郑子产深知密藏法律刑书对平民百姓是不公平的，因此他极力主张实行“猛政”。“猛政”如火，他说：“火性是猛烈的，使人看见害怕，反倒很少有被烧死的人。水性是懦弱的，人不怕水，喜欢玩水，反倒有许多人被溺死了。”这里说的“猛政”，就是要把严厉的法律刑书公之于众，让平民百姓知道触犯刑律的严重后果，知道畏惧，因而不敢去做犯法的事情。

为了实行“猛政”，郑子产力排众议，于公元前536年铸“刑鼎”。也就是把郑国的法律刑书一条一条地铸在一个很大的金属鼎上，把这金属刑鼎放置在通衢要道，使人人都能看得见，都能知法懂法，依法办事。

郑子产铸刑鼎在春秋各国引起守旧派的一致反对。晋国旧贵族的代表叔向就直接给子产写信，质问子产说：“法律刑书一经公布，平民百姓就知道了如何来避免刑罚，他们就不再害怕执法的贵族了。是非曲直都由刑鼎上铸的法律刑书来决定，那执法的贵族还有什么用处呢?”郑子产回复说：“我这么做是顺应民心的，也是为了救世啊!”

郑子产说得很对。因为郑国从铸刑鼎以后，就限制了执法贵族的权力，使商人和个体农民能够在法律允许的范围内安居乐业，放心大胆地发展生产了。这样，郑国就出现了一个社会稳定和国力丰厚的局面。20多年后，叔向所在的晋国，也学郑子产的做法铸了刑鼎，公布范宣子所作的刑书。到了战国时代形成了法家学派，而郑子产则被尊奉为这个学派的创始人。

田穰苴严法治军

> 不教而诛，则刑繁而邪不胜；教而不诛，则奸民不惩。
>
> ——荀子

春秋时期，齐国有个大夫叫田穰苴，当时，晋国攻击齐国的阿邑、鄄邑，燕国又侵占齐国的河上地方，齐军屡战屡败，溃不成军。为此，齐景公整天寝食不安，愁眉不展。田穰苴当初不过是个地位普通的人，但他的好朋友晏婴则是齐国大臣。

一天，田、晏二人正在屋里下棋，有人禀报说：“齐王召晏丞相立即进宫，有要事相议。”晏婴便放下手里的棋子，匆忙进宫去了。原来，齐景公正为齐军败阵、边关吃紧而愁容满面。看见晏婴，忧心忡忡地说：“晋国和燕国不断蚕食我国，本应回击他们，但是眼下齐军没有一个好统帅，真是心有余而力不足呀!”

晏婴沉思了片刻，向景公说：“我有一个好朋友叫田穰苴，此人文能安抚人心，武能克敌制胜，而且精通兵法，您不妨让他担当此任。”

景公马上召田穰苴进宫，跟他谈论边防和军事，发现田穰苴是个文武全才，便提出让他担任大将军，率兵抗击侵略。田穰苴对景公说："我地位低下，君王把我从平民中破格提拔到三军主帅，恐怕军内官兵不会服气，百姓对我也缺乏信任。资历浅薄而权威不足是无法统帅大军的，希望能派一位君王的宠臣，官兵所尊敬的人来担任监军。"齐景公笑着说："这个你放心，我将派大将军庄贾做你的监军，有他辅佐你，我看不会有人敢不听你的号令。"于是，田穰苴便接受了这个职务。接着，齐景公又传庄贾进宫，向他介绍了新的三军主帅。庄贾看了看站在一旁的田穰苴，毫不在乎地说："既然晏丞相保举田穰苴来统帅齐军，说明他自有统兵的才能，何必还要监军呢？"景公解释说："寡人念你德高望重，久经沙场，而田穰苴是初次指挥这么大的战斗，在齐军中还没有树立起威信，由你来做他的监军，将士们必然会听从号令的。"听了景公的话，庄贾得意地笑了起来，说："既然这样，那我只好奉命前往了。"当下二人商定，次日中午在营门会合。

回到家里，田穰苴告别了母亲和妻子，立刻去了军营，他下令全军：明日正午，准时出发！并特意让人在营门之外装了一个测影日晷，又安放了一座滴漏，以此来检查将领们是否遵守军令。

可是庄贾根本没把这事放在心上，回到家就与来送行的亲戚朋友喝起酒来。到了约定的时间，庄贾没到军营，田穰苴下令撤去日晷，放掉滴漏中的水，全军列队，开始检阅。宣布完军纪，检阅完将士，已是太阳偏西，这才见庄贾带着几个侍从姗姗而来。田穰苴压着火问道："为什么迟到？"庄贾一脸酒气说："我不才，有劳大夫和亲戚们送行，所以耽搁了。"田穰苴说："将军接受命令，就应忘掉家庭；面对军纪法规，就应忘掉父母；击鼓进军与敌作战，就应忘掉自己的身体。如今敌国入侵，国内不安，君王焦虑，士兵艰辛，国人的性命，都在你掌握之中，为什么还要怠慢！"田穰苴召来军正问道："按照军法，违约迟到者怎么办？"回答说："应当斩首！"庄贾害怕了，派人飞报景公求救，但还没等信使回来，田穰苴就斩了庄贾，三军将士无不震惊。

过了一会儿，信使拿着景公的符节来赦免庄贾，骑马奔进军营。田穰苴说："将领在军中，对君王的有些命令是可以不接受的。"又问军正道："在军营中骑马奔跑，军法怎么说？"军正说："应当斩首。"使者惊慌失措，田穰苴说："国君的使节，不可杀他。"于是斩了使者的仆人，砍了车子左边的车轩，宰了左边的那匹驾车的马，以此来号令三军。让使者回去报告，然后率领齐军开拔。

由于田穰苴军纪严明指挥有方，

齐军军威大振，连战告捷，很快收复了失地。

执法如山，一视同仁，这样才能令行禁止，战无不胜。

秦孝公用商鞅立法

> 不宝金玉，而忠信以为宝。
>
> ——《礼记》

公元前361年，秦国21岁的年轻君主孝公在都城雍州即位执政。这时，齐、楚、魏、燕、韩、赵六国，都很强大，唯独秦国地处偏远，经济落后，政治上也没有什么地位。秦孝公感到迫切需要有一番作为，说："谁要能献出妙计，使国家迅速强大起来，那就照他说的办！"

一天，一个年轻人风尘仆仆地来到秦国，求见孝公，他就是卫国的公孙鞅。孝公先后三次接待了他，两人谈得十分投机。

公孙鞅说："如果要使国家强大，就不能沿用老办法；如果要使百姓得到实惠，就不能保留旧体制。"秦孝公说："太对了，快说说你的具体办法吧！"

公孙鞅说："变法可以分两步走。第一步要实行四条办法：一要奖励耕织，惩办倒买倒卖；二要奖励军功，反对打架斗殴；三要把百姓组织成什伍单位，稳定社会秩序；四要限制贵族的特权，不立新功就不能享有崇高的社会地位。"

秦孝公说："真是好主意！那第二步是什么呢?"公孙鞅接着说："第二步要实行三条：废井田，开阡陌；统一度量衡；将全国统一设置成31个县。另外，还要鼓励父亲和成年的儿子以及兄弟分家而居。"秦孝公听完，兴奋得忘了自己的身份，用两膝跪行到公孙鞅的坐席前说："真是好极了！我让你当左庶长，主持这场变法！"

公孙鞅的变法主张，虽得到孝公的赞赏和支持，却遭到守旧贵族的激烈反对，甚至连太子也犯了法。公孙鞅奏告秦孝公说："法之不行，自上犯之，变法的阻力，往往来自高高在上的那些养尊处优的人们。太子犯了法，是由于他的老师没有引导好，必须处罚太子的师傅！"秦孝公说："照你制定的条例办。"于是，就在太子的两位老师的脸上，刺下"犯法"两个字。另有一名贵族，名叫公子虔，公然反对废井田，开阡陌，放高利贷时照样大斗进，小斗出，破坏度量衡的新制度。公孙鞅又奏告秦孝公，秦孝公再次说："照你制定的条例办。"于是，公子虔被判处"劓刑"，割掉了鼻子。

公孙鞅不但主持变法，而且向秦

孝公请战，亲自带兵攻打魏国，打了大胜仗，占领了魏国在黄河西岸的大片土地，立了一大军功。

秦孝公自从采用了公孙鞅的变法措施以后，国家一天天兴盛起来，社会风气变得“道不拾遗，山无盗贼，家给人足”，“乡邑大治”，在诸侯中，秦国的地位骤然上升。秦孝公感觉到了自己这一代，秦国又富强了，非常满意，当公孙鞅从伐魏前线回来以后，秦孝公就把“於”“商”十五邑，封给了他，号为“商君”。后世称公孙鞅就叫商鞅。

刘邦约法三章

世不患不法，而患无必行之法也。

——《盐铁论·申韩》

秦朝末年，当过亭长的刘邦起兵沛县（今江苏沛县），参加了农民起义大军。当陈胜、吴广等主要起义军的领袖相继牺牲以后，他和项羽领导的军队成了反秦的主力。

公元前 206 年，刘邦乘项羽在巨鹿大胜秦军的时机，领兵攻进蛲关（今陕西商县西北），进抵灞上（今西安市东）。这时秦二世已死，他的侄儿子婴率满朝文武俯首投降，把刘邦迎进了咸阳。

咸阳（今咸阳市东北）是秦王朝的都城。这里人稠物丰，繁华富庶。尤其是秦始皇修的阿房宫，规模宏大，堂皇富丽，美人、钟鼓、珍宝、古玩应有尽有。刘邦军队的将士长期生活在穷苦闭塞的农村，一到咸阳这个花花世界觉得样样新奇。他们以胜利者自居，在街面上和阿房宫里乱抢乱拿奇珍异宝和衣物用品，有的人还酗酒闹事，打人杀人，闹得市人惊恐，东躲西藏。

面对这种混乱现象，刘邦的部将樊哙提出应该用纪律来约束部下。谋臣张良支持樊哙的建议，他说：“要得天下先要得民心，绝不能再让将士们这样胡闹下去了。要快点公布个法令，让大家依法行事，把社会治安搞好。”

刘邦听从了张良和樊哙的建议，就派人把秦朝的府库官仓全部封存起来，制定了三条法令，把部队撤回灞上军营进行整顿。与此同时，刘邦还把咸阳和关中各县父老百姓的代表召集起来，对他们说：“过去秦朝的严刑苛法使你们动辄得咎，吃够了苦头；现在为了使大家能安心做事，我只订了三条法律。这就是：第一，杀人罪判处死刑；第二，伤人者按情节轻重治罪；第三，偷盗者也按情节轻重治罪。其他秦朝苛法一概废除，你们不必再提心吊胆过日子了。”接着，刘邦命人广泛宣传，使三条法令家喻户晓。

这三条法令，就是中国历史上有名的“约法三章”。关中父老百姓知道了刘邦的“约法三章”，又看到刘邦的军队撤到灞上后纪律严明，从心里觉得高兴。于是，大家争着拿出酒肉、粮食和衣物到灞上慰劳他们。这时，刘邦告诉他的将士：要好言好语地劝说父老百姓把慰劳品都拿回去。今后军中所需的一切物品都由府库供应，绝不准随便拿老百姓的东西。

从此刘邦和他的军队严格地按“约法三章”办事，保持了咸阳和关中地区的稳定和繁荣，在父老百姓中留下了很好的印象。几年以后，他就打败了项羽，当了大汉朝的开国皇帝。

张释之拒行帝旨

> 犯罪总是以惩罚相补偿；只有处罚才能使犯罪得到偿还。
>
> ——（英国）达雷尔

在汉代，出了一个拒行帝旨、秉公执法的司法官，他叫张释之，是河南南阳人。

有一次，皇太子刘启和梁王刘揖兄弟二人，乘车进宫，按当时的规定，凡进宫者，无论文臣武将、王公贵族，在司马门前都要下车下马，违反规定，必须治罪。可是，刘启和刘揖依仗自己是皇室子弟，根本不把国家法令放在眼里，来到司马门前，不但不下车，而且策马扬鞭，长驱直入。碰巧，张释之也进宫，远远看见一辆车子闯门而入，便问守备的军士：“刚才是什么人，如此目无法纪，直闯司马门？”卫士惊慌地回答说：“是皇太子和梁王，我们也没法管呀！”张释之一听，非常气愤，二话没说就追了上去，冲到太子的车前面，张开双臂拦住了正在行走的车。太子刘启和梁王刘揖见有人竟胆大包天，敢拦自己的车，便破口大骂，傲慢地训斥张释之。张释之毫不示弱，义正词严地质问他们：“国家法令规定，出入司马门者，必须下车，你们为什么不下车呢？难道法令对你们无用吗？”一席话，问得太子和梁王张口结舌，无言以对，只好下车步行。事后，张释之还写了一封奏章，请求汉文帝惩罚太子和梁王的违法行为。为此，汉文帝的母亲薄太后怪罪汉文帝，文帝脱帽谢罪说：“这件事是我教子不严所致。”并严肃教训了太子刘启和梁王刘揖。从此，文帝很看重张释之，把他提升为廷尉。没想到，张释之任廷尉后，做了一件令文帝也意想不到的事。

有一天，风和日丽，气候宜人，汉文帝兴致勃勃地去渭阳城游玩，他率领着文武百官、妃嫔宫女，浩浩荡荡、车水马龙地离开了未央宫，出了京城，缓缓向北而行。由于人多车多，队伍拉得很长，汉文帝在前呼后拥之中，威风凛凛地高坐在御车上，随意眺望，悠然自得。按照汉朝的法令，皇帝出行，老百姓是要回避的，要是撞上了皇帝的车队，必受重罚。这时，正当文帝的御车上了渭桥，突然有个人从桥下跑出来，正巧冲撞了文帝御车的骖马。这一下惊了御车的马，顿时狂奔起来，不但冲乱了井然有序的出游队伍，还差点把汉文帝从车上摔下来，吓得他大叫一声，出了一身冷汗。幸亏旁边的护卫人多，死死地拉住了御马，避免了一场事故。那个吓惊御马的人知道自己惹了大祸，想从路边的田间小道溜之大吉，可是凶悍的侍卫一拥而上，把他按倒在地，绑了起来。文帝虚惊一场，龙颜大怒，命令廷尉张释之对此人严加惩处。

张释之一审问，才知道原来这是个初来长安的乡下人，他刚走到渭桥上，就听到了吆喝开道的声音。听说是皇上的马队过来了，所有的人都得回避，惊慌得不知如何是好，忙乱中跑到桥下躲了起来。过了一会儿，大队人马上桥来了，他在桥下屏息呆了好一阵，以为皇上的马队过得差不多了，就从桥下跑了出来，他哪里想到，这个庞大的出游队伍，才走了一半，正赶上文帝的御车上桥，乡下人惊呆了，正好跑到了队伍中间，与皇上的马车撞了个当头，没办法的情况下，只好逃向田野。张释之想，乡下人完全是出于无意，只判他交了一些罚金便放了他。

汉文帝原以为张释之会把那人斩首示众，事后听说已将人放走，只交了些罚金，心里很不痛快。他责问道：“那人惊了我的马，险些害我摔下车去，你竟然只把那恶棍判了罚金，这合适吗?”张释之回答说：“那人不是恶棍，不过是一个初次上京的乡下人，他遇到皇上您的车驾已是心惊肉跳了，完全是出于无意，怎么能重罚他呢？如果我因为您是皇上，就重罚这个无意的乡下人，各级司法官员都会来效法，那么全国要冤屈多少人啊。”汉文帝听张释之这一番有理有据的陈词，便转怒为喜，点头称赞说：“廷尉，你做得对!”

国家的法律对任何人都是一样的，不能因为地位高下而有所改变。只有秉公执法，才能赢得天下人的信任。

尹翁归以一儆百

和民一众，不知法不可；变俗易教，不知化不可。
——管子

尹翁归（前？～前 62），字子兄（音况），河东平阳（今山西临汾）人。他是西汉时代一位干练而又廉洁的官吏。

尹翁归幼年丧父，依靠着叔父过活。成年后他当了一名小狱吏，通晓文法，又练得一手好剑术。当时大将军霍光掌握朝政，他们的奴客仗势妄为，经常携带着兵器在街上捣乱，官吏们对他们无可奈何。后来尹翁归当了市吏，法治严明，吓得这些不法之徒都老老实实，不敢乱动。尹翁归为官清廉公正，谁送礼也不收，那些市井无赖之徒都很怕他。

田延年任河东太守时，有一次巡行各县，到平阳后，要面见县中文武官吏。他让文吏站在东面，武吏站在西面。五六十个官吏都起身就位，唯独尹翁归仍然跪着不起，说："翁归文武皆备，愿听驱使。"田延年左右的从吏认为尹翁归过于傲慢，可是田延年却不以为然，叫尹翁归起来，提出问题让他回答。尹翁归应对如流，田延年暗暗称奇，当即任命他为卒史，带回府舍。后来见他处理问题精明强干，诛锄豪强有胆略，对他更加敬重，甚至觉得自己的才能不及尹翁归，便提升尹翁归担任督邮职务。当时河东郡二十八县分为汾北、汾南两部。尹翁归督察汾南。他执法无私，对属县中一些犯了法的官吏都严加惩处。那些受到惩处的官吏自知是罪有应得，也没有怨言。田延年被选入朝中担任大司农后，尹翁归随之提升为都内令和弘农都尉。不久又征拜为东海太守。

出守东海前，他想到廷尉于定国是东海人，便去向于定国辞行，乘便了解些东海民风。正巧于定国有两个老乡的孩子，想托尹翁归带去，给安排个差事。他让两个孩子坐在后堂等着拜见尹翁归。可是，他和尹翁归交谈了一整天，也没有敢提起此事。送走尹翁归后，他对两个孩子说："尹翁归是当今贤吏，为人刚正，廉洁奉公，不便以私相托。而且你们两个人也不能任事，我就更不好启齿相求了。"

尹翁归到东海上任后，首先细心查访民间诉讼，把官吏和百姓中的好人、坏人，以及各种违法事情都了解得清清楚楚，分县做了记载。然后亲自决断，一个县一个县地把犯罪的人都抓捕起来，根据罪的轻重，依法论处，该判死罪的坚决处死，以求杀一儆百、改善社会风尚。东海郯县有个大土豪叫许仲孙，目无法纪，称霸一隅，使附近的老百姓吃尽了苦头，历届的太守对他都无可奈何。尹翁归到任后，毫不犹豫地将他判处了死刑。这一举动对全郡震动极大。从此，东海一带法治严明，秩序井然。

汉宣帝选用良吏，入朝治事，看到尹翁归政绩卓著，便提拔他担任右扶风。尹翁归到职后，选拔重用了一些清廉严峻的官吏。同时，采用在东海时的办法，分县设立各种罪犯的名籍。一有盗窃案件，他就把那里的县官叫来，将主犯的名字告诉他，让他用类推法去追查罪犯的行踪。追查结果，往往正合尹翁归的推断。尹翁归把惩处不法豪强视作当务之急。豪强一旦治罪，即交给掌管畜牧的官，令其给牲畜割草，规定了时间和数量，不准别人替代，完不成定额就加重惩处。有的豪强受不了这苦，就只好自杀。他就是这样以严酷的刑法威震京师，使扶风很快出现了大治的局面。由于他治盗有方，被称为三辅中的第一贤能。

尹翁归于公元前 62 年（元康四年）病卒。他生前为官清廉，死后家无余财。汉宣帝对他的早逝深表痛惜，制诏赏赐其子黄金百斤，以奉其祠祭。尹翁归的三个儿子后来也都当了郡守。

隋文帝重法轻子

> 公正的法律限制不了好的自由，因为好人不会去做法律不允许的事情。
>
> ——弗劳德

隋文帝杨坚是隋朝的开国皇帝，他耳闻目睹历朝各代枉法乱国的教训，注重依法治国，以俭治家，倡导在法律面前，谁也不能特殊，就是对自己的子女和皇亲国戚，也从不放纵。他曾三令五申，法律是天下人的法律，人人都应该严格执行。

杨坚的三儿子杨俊自幼聪明过人，勇猛善战，而且通晓兵法，在建立隋朝的频繁争战中，屡立战功，朝野内外，声名大振，所以深受隋文帝的赏识和宠爱。但是杨俊自以为天下第一，居功自傲，越来越放肆。杨俊在自己的封地并州为所欲为，欺男霸女，夺财占田，他到处放高利贷，用获取的厚利花天酒地，整天吃喝玩乐，奢侈无度。封地里的老百姓虽然怨声载道，但由于杨俊是皇子，位高权重，也不能把他怎么样。

后来，隋文帝得知三儿子违法乱纪的事情后，非常生气，马上命令监察专使前去调查核实。但是监察专使畏惧秦王的淫威，心想：杨俊再怎么也是三太子，得罪他不也等于得罪了皇帝吗？于是，到并州后只是大事化小，小事化了，惩办了几个杨俊手下的走狗，便回朝复命去了。监察专使向隋文帝汇报说，杨俊并没做什么大的错事，只是年纪轻，阅历浅，受了某些人的迷惑，责任并不在他，并且罗列了一些鸡毛蒜皮的小事，帮杨俊遮掩。隋文帝信以为真，对此事也就不再追问了。

从此以后，杨俊更加蛮横放肆，胡作非为了。他想，连皇帝的监察专使都为他说话，其他人更是“小菜”一碟了。于是，他无视朝廷法律，任意欺压百姓，挥霍国家库银，为自己建立了富丽堂皇的宫室，四处收罗美女，纵情淫乐，整日声色犬马，弄得民怨鼎沸，也激起了他周围人的嫉恨。杨俊有位小妾姓崔，在杨俊吃的瓜中下了毒，但是很不巧，因为毒量不够，杨俊只是中毒而没能致命。这些事又传到了隋文帝的耳朵里，龙颜大怒，他立即下诏命令杨俊回京，并亲自责问杨俊的所作所为。当了解到自己这位最宠爱的儿子已经触犯了法律，隋文帝马上下令，撤掉杨俊的官职，并责令他待在王府中闭门思过，反省错误。

正在此时，有个叫刘开的左武卫将军，为了巴结三太子，也想讨好皇帝，特意在隋文帝面前为杨俊开脱说：“秦王曾南征北战，功勋卓著。这次用些钱财，盖点宫室，纳些美妾，这只是小事一桩。我看陛下还是宽容了他吧。”听到这些话，隋文帝严厉地瞪了他一眼，坚定地说：“法律由朝廷制定，天下人皆应遵守，对谁都不该例外。”说完隋文帝便拂袖而去。

刘开碰了个钉子，仍不死心。他心里琢磨，我刘开苦口婆心都是为了你们杨家父子。虽然陛下表面上怒气冲冲，大义灭亲，也许心里会感激我，嘉奖我的一片忠心呢！于是，他又去找开国老臣杨素，请杨素出面劝导隋文帝。在刘开的再三鼓动下，杨素借上朝的机会，私下劝隋文帝说：“秦王虽有一些过错，但完全解除他的职务，未免有些过重了吧？请陛下是否再重新考虑一下先前的处分。”听杨素这么不讲原则，隋文帝很不高兴，便说：“国家的法律是我们当初共同制定的，大家都赞同法律面前要一视同仁，依法执法要不分贵贱。现在我儿子犯了法，你们又都来说情，难道我仅仅是五个儿子的父亲，而不是统治万民的皇帝吗？都像你们这样，还得另外再制定一部法律了！”

尽管先后有几个人出面为杨俊说情，但隋文帝坚持执法必严的原则，没有减轻对三太子的处罚。这件事对朝野内外震动很大。文武大臣和老百姓都很钦佩隋文帝这种执法无私的精神，连那些平时不够检点，轻法放肆的人都大为收敛，不敢胡作非为了。

有法必依，执法必严，违法必究，无论对谁都不例外，这正是法律威严的原因所在。

狄仁杰执法

> 夫制国有常，而利民为本，从政有经，而令行为上。
> ——战国策

唐高宗仪风年间（676 年—679 年），狄仁杰升任大理丞。

狄仁杰生于唐太宗贞观四年（630 年），并州太原（今山西太原）人，应试明经科及第，从而步入仕途。从政后，经历了唐高宗与武则天两个时代。他初任并州都督府法曹，后来转为大理丞。

大理丞是官名，是主管刑法的大理寺主官的副职，负责定刑。唐制，大理丞定罪后，须经大理正审核。

狄仁杰为人刚正廉明，公正执法，兢兢业业，一年中便处理了前任遗留下来的一万七千多件案子，没有一个冤诉的。为此，狄仁杰一时名声大振，成为朝野推崇备至的断案如神、扶善除恶的大法官。

为了维护法律制度，狄仁杰甚至敢于在皇帝面前犯颜直谏。

唐高宗仪凤元年（676 年），武卫大将军权善才误砍了昭陵上的一棵柏树，唐高宗大怒，下令将其斩首。原来，昭陵是唐高宗父亲唐太宗的坟。

狄仁杰向唐高宗奏道：“陛下，权善才罪不当死。”唐高宗疾言厉色地说：“权善才敢砍昭陵的柏树，让朕落下不孝的名声，必须杀了他！”

狄仁杰神色不变，依法据理力争道：“犯颜直谏，自古以来都被人们认为是件极难的事。但臣认为遇到桀、纣之君时，这事才难；如果遇到尧、舜之君时，这事就容易了。权善才误砍昭陵一棵柏树，法不至死，而陛下却要杀他，这是不顾国家法律，不能取信于民啊！陛下这样做，百姓将如何措其手足啊！今天，陛下如果因为昭陵一棵柏树而杀掉一位将军，千载之后，人们将说陛下是什么样的君主呢？因此，臣不敢奉命杀掉权善才，以致陷陛下于不义。”

狄仁杰法刑公正，终于使唐高宗改变了主意，赦免了权善才的死罪。

李光弼执法如山

> 不诚实诚无不动者，修身则身正，治事则事理。
> ——杨时

李光弼是唐代著名军事将领，他

雄才大略，以智勇双全、治军严整著称，李光弼军事指挥才能非凡，为人严肃、果断、刚正不阿。从幼年时期起，就善于骑射，步入军旅生涯后，他在治军管理和指挥作战方面，逐渐显露出卓越的才能。由于他治军严整，指挥有方，被郭子仪推荐当了河东节度副使。后来，他和郭子仪一起率军打败了史思明，为彻底平息“安史之乱”做出了重大的贡献。

李光弼在统军作战期间，执法严明、军令如山、赏罚分明，威震三军。在一次战斗中，他所率领的部队中，有一员大将持利矛刺杀敌人，矛刺穿马的腹部，并刺中数名敌人，而同时也有迎战敌人的，不战而退。李光弼对以矛刺敌者赏绢五百匹，不战而退者处以斩刑。他赏罚分明的治军方式使得部下和士兵在作战时能够奋勇争先，一往无前。

他的部下都知道他言必果、令必行，执行军纪军令严格无情。唐肃宗即位后，诏令李光弼担任户部尚书并率军赴灵武上任。当时太原节度使政令不行，由侍御使崔众统率驻军。肃宗诏令崔众，让他将兵权交给李光弼。然而，崔众却自恃自己是侍御使，仗着肃宗和朝廷中一些重臣的垂青，在军中狂妄自大，不可一世。过去还时常侮辱太原节度使，如今要他把军权交给李光弼，心中根本不服气。于是，他就想故意为难一下李光弼。他见到李光弼时，故意不行军礼，并表示不能即刻交出兵权，想给李光弼难看。李光弼对崔众的这种狂妄傲慢和违抗军令的行为感到非常的恼火，立即命令把崔众抓起来，准备以军法治罪。正在这时，唐肃宗又派来使者，传旨诏令崔众为御史中丞。李光弼的部下看到这种情形，就有人出来劝李光弼说：“皇帝重用崔众，最好还是把他放了吧！”然而，李光弼则断然拒绝了部下的劝说，仍坚持按军法处置崔众。他正气凛然地说：“崔众违抗皇上的诏令，故意不交出兵权，置军法军令于不顾，理应当斩，我现在要斩的是侍御使崔众，如果使者要宣布诏令，崔众纵然是御史中丞，官比我大，我也要依照国法军纪将其斩首。”说完，即刻命令军法官当众处斩了违抗诏令的崔众。肃宗派来的使者，十分敬畏李光弼的执法威严，始终没有敢把诏令拿出来宣布。

李光弼执法如山斩御史的消息不胫而走，全国上下反响强烈，在他统帅的军队中，将领和士兵个个受到很大的震动。而一些昔日里受崔众欺压的将士人人扬眉吐气，拍手称赞。全军也由此受到教益，从此以后，谁也不敢违背军令、军纪了。李光弼做指挥的唐朝军队被人誉为“铁军”。

正是因为李光弼带出了一支军纪严明的军队，在随后进行的太原保卫战中，李光弼才能以少胜多，以自己不到一万人的军队打败了史思明率领的十万军队，取得了防御作战的胜利。在这场战斗中，李光弼用弱势军队先后杀伤了叛军七万多人，不能不称是军事史上一个成功的战役，他的胜利也为扭转整个战局起了重要的作用。

柳宗元坚持改革

> 君子以言有物，而行有恒。
>
> ——《周易·家人》

唐代宗大历八年，柳宗元生于河东解城。他从小聪明勤奋，读了很多书，13 岁就能写出很好的文章，受到人们的赞扬。

21 岁那年，柳宗元考取了进士。他思想敏锐，议论起事情来旁征博引，言词锋利，说理透辟，常常胜过在座的人，一时间名声大振，许多人都愿意跟他交流。那些名公要人都争着推荐他到朝廷做官。考中进士后的第三年，柳宗元才出来做官，担任秘书省校书郎。

26 岁那年，柳宗元又考中博学鸿词科，担任集贤殿书院正字。

校书郎和书院正字都负责搜集和保管国家图书。在这期间，柳宗元有机会博览群书，知识更加渊博了。

柳宗元很有抱负，他想对腐朽黑暗的政治进行改革，因此积极参加永贞革新，成为革新派的主要成员。这时，他已升任礼部员外郎，大胆地提出了一些革新建议。

原来，唐德宗昏庸贪暴，百姓叫苦连天。贞元二十一年正月，唐德宗死了。他的儿子李诵即位，史称唐顺宗，改元永贞。

李诵当太子的时候，他的两名亲近侍从官王伾、王叔文经常给他讲一些民间疾苦，也谈到过宫市的弊害。

李诵是个有作为的皇帝，他要改革政治，振兴唐室。但他当皇帝时已经中风，不能说话了。于是，他重用王伾、王叔文，让他们帮他出主意，管理国家大事。这时，朝臣中的柳宗元、刘禹锡、韦执谊、韩泰、韩晔、陈谏、凌准、程异等 8 人，也参加议政。他们对当时腐朽黑暗的局面看得很清楚，决心在政治上进行一番改革。有了皇帝的支持，他们就大刀阔斧地干起来。革新派的许多措施对国家和百姓有利，史称他们的改革为“永贞革新”。

永贞革新损害了宦官和大官僚的利益，因此，遭到他们的强烈反对。

不久，以俱文珍为首的宦官集团阴谋策划废掉唐顺宗，立太子李纯为皇帝。受到打击的地方官员韦皋等人也纷纷向朝廷上表，逼迫顺宗退位，并且大肆攻击王叔文等人。许多守旧的官僚也都站在宦官集团一边。

这年八月，唐顺宗让位给太子李纯，自己去当太上皇了。李纯即位，史称唐宪宗。宪宗在宦官和守旧官僚的支持下当了皇帝，自然要照顾他们的利益。于是，他一即位，就把王伾、王叔文贬到外地去了。不久，王伾死于贬所，王叔文被贬后又被赐死。柳宗元、刘禹锡等 8 人都被贬到边远地区做了小小的司马。这场有进步意义的政治革新——永贞革新，只进行了短短的 146 天就夭折了。

永贞革新，又叫“二王八司马”事件，因为它是由王伾、王叔文和柳宗元、刘禹锡、韦执谊、韩泰、韩晔、陈谏、凌准、程异等 8 人发起的。

永贞革新失败后，柳宗元被贬为永州司马，在那里生活十年，精神上受到很大的打击。

在永州，柳宗元名义上是司马，实际上是个毫无实权、受地方官监视的罪犯。官府里没有他的住处，他只能在龙兴寺里安身。

10 年后，柳宗元又被派到更远的柳州去当刺史。

柳宗元被派往柳州时，参加永贞革新的其他人也都被派到很远的地方去当刺史。刘禹锡被派往播州。播州的经济情况和交通条件比柳州更差。刘禹锡家有老母，柳宗元怕他们一家经不起折腾，很替他们担忧。柳宗元说：“播州荒凉，不是中原人所能居住的地方。而刘禹锡的母亲已经年迈，怎能带着老人同去呀!”于是，他决定和刘禹锡对调一下，让刘禹锡去柳州，他去播州。他还说：“即使因此重新获罪，也死而无憾。”

正当柳宗元准备写表向朝廷申请时，御史中丞裴度向唐宪宗奏明了刘禹锡的困难。唐宪宗同意刘禹锡不去播州，改为到连州当刺史。柳宗元听到这个消息，才放心到柳州去了。

柳宗元被贬到永州和柳州时，南方许多读书人因仰慕他的名声和学问，纷纷跑到他那儿向他拜师学习。柳宗元对那些好学上进的青年总是热情接待，谆谆教诲，细心指导。但对那些华而不实、投机取巧的人，却毫不迁就和姑息。

有个叫杜温夫的青年，从荆州赶到柳州来拜见柳宗元，还准备到连州去见刘禹锡，到潮州去见韩愈，希望这些名人替他做宣传，为他考取进士和做官铺路。但他不认真学习，没有什么本事，写的文章连疑问词和感叹词都分不清。他给柳宗元写信时，把柳宗元比作周公和孔子。

柳宗元看了杜温夫这种胡乱吹捧的信，知道他急功近利，不择手段，因而十分厌恶，在复信中严厉地批评了他。

柳宗元说：“比人必须恰当。你把我比作周公、孔子，我哪里敢当？这不能不叫我感到奇怪！我想，你去连州和潮州时，一定又要把刘、韩二公也比作周公、孔子；将来到了京城，京城里的名人数以千计，你当然又会把他们都比作周公、孔子。天下哪有这么多的周公、孔子呀?”

柳宗元告诫杜温夫说:“做人应当踏踏实实地学习,充实自己的学问,不要做这些哗众取宠的事。”

柳宗元批评了杜温夫的缺点,又给他指出了改正的办法,这是真正爱护和帮助青年。

柳宗元爱护百姓,同情受苦的人。在担任柳州刺史期间,他帮助许多穷苦百姓赎回了卖身为奴婢的子女,并且革除了这种恶俗。在长期贬谪生活中,柳宗元有机会接触下层社会,进一步了解了民间疾苦。他写了不少文章,揭露当时残害人民的苛政和社会黑暗现象。

永州地方有一种毒蛇,人被它咬了就会死去,但把它晾干制成药,却可以医治许多绝症。皇宫里的御医用皇帝的命令宣布说:“谁要是捕捉了永州毒蛇上交,就可以免除赋税。”于是,永州有人捕捉这种毒蛇。有个姓蒋的农民,祖孙三代都因捕捉毒蛇而没有上交赋税。可是他的祖父和父亲都因为捕蛇而死了。他自己捕了12年蛇,好几次也差点儿被毒蛇咬到。柳宗元问他说:“你为什么干这种危险的事啊?难道不怕死吗?”他回答说:“那些不捕蛇的乡亲,因为交不起赋税,被逼死的更多。我捕蛇每年只冒两次生命危险,而那些乡亲们却天天遭到死亡的威胁。因此,我宁愿一辈子捕捉毒蛇。”

柳宗元据此写了一篇《捕蛇者说》。在文章中,柳宗元感叹地说:“孔子说,苛政比老虎还要凶猛,哪知赋税比毒蛇还要厉害啊!”

柳宗元在柳州刺史任上,做了许多好事:释放奴隶,兴办学校,修整道路,鼓励垦荒。

柳宗元在柳州度过了四年多的时间。在长期的贬谪生活中,他心情忧郁,工作勤苦,他的身体越来越坏了。元和十四年,柳宗元在柳州死去。当地人为了纪念他,特地为他建了一座柳侯祠。

人们都说柳宗元是个言行一致的人,他的改革理想虽然未能在全国范围内实现,但经过他锲而不舍的努力,在他职权范围内极大限度地实现了。

崔隐甫犯颜杀倭人

> 良好的秩序是一切的基础。
>
> ——伯克

唐玄宗天宝年间,吹笛艺人胡雏聪明伶俐,技艺超群。他吹出的笛声清新悦耳,让人流连忘返,因而备受唐玄宗的赏识与宠爱。

不料,时间一长,胡雏竟恃宠而

骄，胡作非为，触犯法律，犯了死罪。

洛阳令崔隐甫接到报案，决定将胡雏依法逮捕归案。胡雏吓得连滚带爬，逃进皇宫，苦苦哀求唐玄宗救他一命。

唐玄宗醉心音乐，十分爱惜有音乐天赋的人才。他见胡雏楚楚可怜，便想网开一面。于是，唐玄宗找了个借口把崔隐甫召进宫中，让胡雏站在自己的身边，闲聊了几句后，指着胡雏对崔隐甫说："朕向崔爱卿讨要这个人，未知爱卿是否肯给？爱卿能赦免他吗？"

崔隐甫见唐玄宗有意袒护胡雏，企图使他逃脱法律的制裁，顿时义愤填膺，毅然摘下官帽放在地上，启奏道："陛下这样说，简直是轻视大臣而看中艺人啊。既然如此，微臣只得辞职不干了！"

唐玄宗见崔隐甫刚直不阿，忙赔笑道："朕只是与爱卿开个玩笑嘛，何必当真？"说罢，传令内侍将胡雏交给崔隐甫。崔隐甫刚一出去，马上将胡雏杖杀。

看着胡雏远去的背影，唐玄宗还是觉得他是难得的音乐天才，死了太可惜了。于是，他下诏免其死罪。可惜，他的诏书晚了一步，胡雏已经伏法了。

在这种情况下，唐玄宗只得以国家大局为重，维护大臣的权威，赐给崔隐甫细绢100匹以资鼓励，嘉奖他的执法精神。

崔隐甫刚正不阿，不给皇帝面子，这在当时是冒着杀头危险的，实在难能可贵。

戴胄按律判案

> 伪乱俗，私坏法，放越轨，奢败制。四者不除，则政未由行矣。
>
> ——《申鉴·政体》

唐朝立国以后，制定了《唐律》，共500条。它与前朝的《隋律》比较，减斩刑92条，减流刑71条。其余删繁除细，改重就轻，宽平得多了，因而很得民心。

既然有了《唐律》作为依据，大理寺少卿戴胄（zhòu）审案判刑的时候就照着执行。即便是皇帝讲过的话，如果与《唐律》不符，他也顶着不办。

有一次，唐太宗发布了一道命令：

"在科举考试中，凡是伪造出身和资历的人，要立即向政府坦白自首，否则一经查出，就判处死刑。"

过了些时候，吏部查出有个已经金榜题名的举子，出身和资历都是伪造的。唐太宗知道这件事后十分震怒，立即下令革去这名举子的功名和官职，抓起来交由大理寺处理。

大理寺少卿戴胄在审问这个案子的时候，查明了犯罪的情由和事实。他没有根据唐太宗的命令把那个举子判处死刑，而是根据《唐律》的有关条款，判了个流刑（即流放边远之地）。

唐太宗闻知此事后大为不满。他差人把戴胄叫进宫来，很生气地质问：

“我在命令中已经明确宣布，对伪造出身、资历又不肯坦白自首的人要判处死刑，你怎么自作主张，只给他判了个流刑呢？难道你不知道我的命令吗？”

戴胄回答说：

“皇上下的命令我怎么会不知道呢？不过我作为执掌刑法的官员，审案判刑都必须根据《唐律》办事，不然就会出现执法不公，量刑不当的现象。这就是我的失职了。”

“你只怕自己承担‘失职’的责任，怎么就不怕我在全国百姓面前失去信用？这国家大事是我说了算的，你一定要给我改判，一定要按我的命令办事。”唐太宗气势汹汹地说。

岂知戴胄也寸步不让。他大声回答说：

“《唐律》是国家参照前朝法典，根据本朝实际，集中众人智慧，反复研究推敲制定出来，又经过皇上批准才颁布实施的。它是国家的根本大法。而当今皇上的命令，有的往往是凭着一时的喜怒发布的。我认为皇上个人的信用固然重要，但国家的法律、国家的信用更加重要。这是大信用和小信用的问题。现在我为维护国家法律的大信用，只好违背皇上的命令，让皇上失信了。”

唐太宗也是个英明之主，他听了戴胄的答辩之词，觉得句句在理，于是感叹地说：

“我虽然是一国之主，但在处理这件事情上没有你想得深，看得远。国家法律的大信用一定要维护。我看这件事就按照你的判决处理吧。很感谢你帮助我纠正了这个错误。大唐有了你这样敢于秉公执法的大臣，一定会兴旺发达。”

包公秉公执法

> 凡事不可轻疑，惟断狱不可不疑。
>
> ——吕坤

宋真宗咸平二年（999 年），包公出生在庐州合肥县（在今安徽合肥市）一个官僚家里。父亲包令仪，字肃之，官居朝散大夫、虞部员外郎，负责管理皇帝的林苑。

包公从小不讲究吃穿，严遵父

教，刻苦读书。他虽在乡试中名列前茅，但不骄不懈，谦虚谨慎，再接再厉，受到师友的赞扬。

宋仁宗天圣五年（1027年），包公辞别年老多病的父母，到京师开封（今河南开封市）参加科举考试，一举考中进士。

考中进士后，包公曾在朝中做官，也曾做过几任地方官。这年，包公被调往庐州（今安徽合肥市）担任知州。

包公听说要回故乡了，心里十分高兴。他急忙交代完公务，就和夫人董氏、老家人包兴等一起回庐州上任去了。

包公刚一到庐州，亲戚朋友和乡亲们就都来看望他，包公一一接待了他们。

老百姓听说包公做了庐州知州，无不额手相庆。他们想："救星来了，这下可好了，总算有了为民做主的父母官了。那些贪官污吏、土豪劣绅再也不敢欺侮我们了。"

包公上任不久，听说庐州府衙所处的合肥县告状的比以前猛增，感到很奇怪，于是便到合肥县衙去了解情况。

包公到了合肥县衙，亲自审阅老百姓的诉状，发现有告他亲友的，尤其是告他舅舅的特别多。诉状上说他舅舅联络乡绅，抢占民田，横行乡里，欺压百姓，使百姓不得安居乐业。

包公看过之后，非常气愤，问县令道："这些案件你为何不审理？"

县令见是告包公舅舅的案件，便说："那些告状的都是无理取闹，我已经命人把他们打回去，现在再也没人来告了。"

包公把脸一沉，问道："你怎么知道他们是无理取闹呢？你凭什么随便打人？"

县令一时摸不清包公心里是怎么想的，就说："包大人在这里当知州，他们专告大人的舅舅，岂不是无理取闹？"

包公问道："我舅舅横行乡里，欺压百姓可是事实？"

县令想："做官的哪有不护着自己亲人的？"于是笑着对包公说："包大人，这事下官尚不清楚。不过，即使是真的，为了大人的面子，下官也不敢……"

包公把眼一瞪，满脸怒容，命令道："你身为县令，就应该为民做主。可你不察明案情就责打告状的百姓。你这样做，按理应该撤职查办。念你是初犯，我今天暂且饶了你。不过，这些案件一定要抓紧审理！"

县令心里很矛盾："这些案件怎么审理呢？如果依法办案，包大人的舅舅早该逮捕归案了。但是，谁知道这样做是福是祸呢？将来包大人要是在其他事情上找茬儿，我怎么吃得消啊？不审理吧，眼下包大人又这么严厉，一定要让我秉公执法。"他左思右想，顾虑重重，于是便哀求包公道："包大人，这些案件就算了吧，以后我一定秉公审案，严肃执法，望大人恕罪。"说到这里，他扑通一声跪了下来。

包公见县令跪在自己面前苦苦哀求，知道他在处理这些案件上左右为难，便让他站起来，问道："既然出难题吗？"于是，他还是一再推诿，请求不要再审理这些案件了。

包公见县令还是拗不过情面，心里不禁一阵厌恶。他把袍袖用力一甩，厉声说道："限你三天之内一定要将这些案件报到州里，否则唯你是问！"说罢，包公转身便离开了县衙。

县令不敢怠慢，第二天就将与包公亲友有关的案件都上报到州里去了。

包公接到这些案件，立即派两个捕快去捉拿舅舅归案。舅舅见捕快前来捉拿他，跳上前去就给捕快一人一个耳光，骂道："瞎了你们的狗眼！你们知道我是谁吗？我就是你们庐州知州包大人的舅舅，谁敢捉拿我！"

两个捕快急忙跪倒在地，连声说："我们不是县衙的，我们是包大人手下的。"

舅舅怀疑自己听错了，问道："怎么，是包拯派你们来捉拿我？"

两个捕快交换一下眼色，满脸赔笑，连声说："不，不，不！我们不是来捉拿你老人家的，我们是奉了包大人的命令前来请你老人家过府叙谈的。"

舅舅又问道："此话可是真的？"

两个捕快又互相看了看，然后异口同声地说："绝对是真的！"

舅舅蛮横地说："不管是真是假，舅爷我也不怕。我外甥是知州，量谁也不敢把我怎么样。你们两个快起来，舅爷就跟你们走一趟。"

舅舅坐轿来到府衙，一个捕快跑去禀明包公，包公命他们先把舅舅关押起来。

舅舅一见要关押他，立即大吵大闹，不肯随捕快走。他几次喊着要见包公，但包公一直不见他。

夜里，包公一直放不下这件事，考虑着如何处理舅舅。夫人董氏也为舅舅的事焦躁不安。夜已经三鼓了，两人还翻来覆去睡不着。

董夫人问包公说："舅舅犯了法，你就不能讲点情面吗？"

包公没有吭声，只是叹了口气。

董夫人又问："今天舅家表弟前来讲情，你说什么也不答应。咱们刚回来不久，你就这样做，人家会不会说你无情无义呀？"

包公解释说："夫人，不是我无情无义，是舅舅太不自爱了。我身为百姓父母官，坐镇庐州，应该秉公执法，不徇私情。如果舅舅犯法可以免刑，别人犯法又怎么办呢？法律无情，六亲不认。你跟我这么多年了，难道还不懂得这个道理吗？"

董夫人说："话虽是这么说，但

你就不能法外开恩，宽容一次吗？”

包公耐着性子说：“夫人有所不知，自从我做官后，亲友借我的名声横行乡里。尤其是舅舅，他联络四乡豪绅为非作歹，百姓怨声载道，县官又不敢管。我若宽容舅舅，这庐州将会变成什么样子？我又如何在这里做官啊？”

夫人劝道：“要不然就缓几天再审理，咱好想想还有没有两全齐美的办法。”

包公一听急了，说道：“夫人，你可不要再糊涂了，就是缓上一百天，也不会有什么好办法。为了尽快搞好合肥县的治安，我明天就升堂审理。”

董夫人明知讲情也没用，但舅舅总归是亲人，表弟又亲自来托她，怎能不抱着一线希望劝包公宽容宽容呢？她见包公没有一点讲情的余地，况且又牵扯着合肥县的治安，于是就不再多说了。

第二天早饭后，包公穿戴好，正准备升堂审案，他的儿媳崔氏急急忙忙地走了进来，跪在包公面前，含着眼泪说：“公爹在上，容儿媳敬禀：舅爷犯了法，理应治罪。但自从孩子他父亲去世之后，家中一切事务全由舅爷家照管。若不是舅爷家，我这么一个年轻寡妇如何度日啊？公爹如果审理舅爷，绳之以法，儿媳于心不忍，望公爹开恩。”

崔氏说着，忍不住抽抽搭搭地哭起来。

包公见儿媳哭得那样伤心，也不禁动情了。

崔氏是他的亲儿媳，而且现在是他晚辈中唯一的亲人了。包公在瀛洲做官时，他的独生子不幸死在潭州（今湖南长沙）任上，儿媳崔氏只得怀抱幼小的孙子回到庐州老家。孤儿寡母无法度日，多亏舅舅家为她照管家务。

包公在扬州做官时，他唯一的孙子又不幸夭折。只剩下一个年轻的崔氏，日子就更加不好过了。她母亲劝她回荆州（今湖北江陵）老家改嫁，为了包家的名声，她誓死守节，永不嫁人。这时，又是舅舅家为她支撑门户，一直到今天。

包公和这个舅舅年纪相仿，小时候常在一起玩耍，感情一直很好。

包公的父母去世后，包公回家守孝，舅舅家又多方照料他，一直到他外出做官。

几十年来，舅舅虽然做了些危害百姓的事，但也并无太大的民愤。自从包公官做大了，舅舅在其他乡绅的怂恿下，才变得无法无天，仗势欺人了。

想到这里，包公的心情十分复杂。包公望了望那楚楚可怜的贤儿媳，急忙叫她站起来，让董夫人和她一起去后堂。

崔氏见包公没有讲情的余地，就说：“公爹如果不宽恕舅爷，就让儿媳代舅爷领罪吧!”

包公说:“舅爷对你好,对我也好,这些咱们都应该记住。但他犯了法,我如果不秉公执法,老百姓会怎么想呢?其他官员又怎能为民申冤呢?至于你要代舅爷领罪,我向来不主张这么做。法不罚无罪之人,何人犯法何人当。儿媳,不要再说了,快和你母亲歇息去吧。”

崔氏还想苦苦哀求,但她见包公铁面无私,定要秉公执法,也就无可奈何了。

包公安顿好董夫人和儿媳,来到大堂。

在一片威武声中,包公升堂审案。包公坐在大堂上,将诉状放在面前。他询问一下原告可曾来到,然后就叫衙役将舅舅带上大堂。

舅舅来到大堂,一脸怒气。他见包公坐在堂上,冲上去就要打,衙役急忙拉住了他。他立而不跪,昂首挺胸。包公问罪,他不但不招,反而大闹公堂,骂包公是个无情无义的小人。

包公一听,勃然大怒,猛拍惊堂木,厉声喝道:“大胆罪犯,自己不认罪,反敢辱骂本官。来人,拉下去重打四十大板!”

包公一声令下,衙役们急忙上前将舅舅拉下大堂,打起板子来。听见堂下噼啦啪啦的板子声,包公坐在大堂上,心里不禁隐隐作痛。

在包公坐堂审问舅舅的时候,与舅舅一起横行霸道的乡绅都在府衙门外等候消息,探听动静。他们都想看一看包公究竟是怎样处置他舅舅的。

当这些人听说包公重打舅舅时,不禁面面相觑,心里害怕起来。他们交头接耳地说:“原以为包黑子会袒护我们呢,想不到他竟这样无情无义。他对舅舅尚且如此,何况对我们了!”说完,一个个灰溜溜地悄悄逃走了。

当天,包公便按朝廷大法处理了舅舅。

包公亲自审理舅舅的消息不胫而走,在庐州震动很大。官员们都敬重包公秉公执法,铁面无私;土豪劣绅怕挨那四十大板,更怕坐牢判刑,再也不敢为非作歹了;合肥县令亲自到州衙向包公赔罪,并感谢他把合肥县治理得井然有序;老百姓欢天喜地,都夸包公是一个秉公执法、为民除害的青天大老爷。

董家龙规定“三不准”

> 治国无法则乱,守法而弗变则悖,悖乱不可以持国。世易时移,变法宜矣。
>
> ——《吕氏春秋·察今》

在二万五千里长征中,红二方面

军某师卫生部长董家龙领队卫生兵路经西康（当时的一个行省，新中国成立后撤销），在一个称作“波巴”的村子里作短期休整。

波巴住的都是藏民，总共有800多户。但是红军初来时，村里却空无一人。每家每户的房前除了一堆供烧饭用的干牛粪外，屋里屋外一无所有。董部长领着警卫员在村里转了一圈，发现许多人家的门楣上挂着避邪的红布条，门板上贴着黄纸佛像。他找来个通司（翻译）一打听，才知道这一带许多人家都有夹墙和地窖，凡是粮食和值钱的衣物都被“坚壁”起来了。显然，这里的藏民对红军是有疑惧的。

面对这种状况，董部长认为：只有用红军遵守群众纪律的实际行动，才能消除藏民的疑惧，使藏民积极行动起来支援红军。于是他立即召集大家开会，明确宣布了“三不准”的规定。即：（一）不准进藏民的家；（二）不准动用藏民的东西；（三）不准撕毁藏民门上贴的佛像和挂着的红布条。

遵照董部长规定的“三不准”，当晚红军围着篝火露宿街头。尽管部队早已断粮，这几天只靠野菜、草根和煮牛皮带充饥，也没有谁进藏民家中寻找食物。

第二天，董部长分配几个同志在村中刷写标语，宣传红军的纪律和共产党的主张。还组织了个宣传队，由通司陪同到附近的山沟里向可能有藏民躲藏的地方喊话，劝藏民回村居住。

最初几天是一无所获的。但是到了第四天，突然有个藏民进村要见红军的“长官”。董部长经过谈话才知道这个藏民就是波巴的小头人。波巴村的乡亲就是由他领着到野外藏匿起来的。

小头人向董部长说：“我原来听说红军是乱抢乱杀的‘恶魔’，就把乡亲们领出去躲起来了。昨晚派人偷偷进村察看，回去说红军是在街头露宿的，我有点不信，所以今天特地回来看看。”

董部长热情地向小头人说：“红军是各族人民的子弟兵，是爱民的，绝不会扰民。请乡亲们尽快地回村来住吧。”

小头人说：“为了证实您讲的是真话，能让我在村里到处走走吗？”

董部长答应了他的要求。

小头人在村里看到红军刷写的大标语，让通司把内容翻译了一遍，听后高兴地连连点头。他见各家各屋门上贴的佛像和挂着的红布条完好无损，更是乐得合不拢嘴。打开他家屋里的夹墙，又揭开地窖一看，只见里面放的青稞、酥油、茶叶、衣物不缺不少，笑得更爽朗了。像红军这样秋毫无犯的部队，他还没有见过呢！

小头人赶忙骑马进山，把村里的藏民都叫回来迎接红军。让红军战士住进了藏民们空闲的房子里。军民融洽，欢声满村。

傍晚，小头人领着村里的藏民，捧着洁白的哈达，背着一篓篓青稞面、熟肉和酥油，赶着几十只活羊要作为礼物送给红军，董部长接过哈达，却婉言退回了礼物。后来，藏民们知道了董部长规定的“三不准”，都深受感动。于是决定将礼物由红军作价付款。又根据公平买卖的原则，波巴的藏民为红军提供了一批长征路上必备的物品。

董部长率领的这支红军卫生兵在波巴休整了10多天。临走时，小头人领着全村的藏民夹道相送。军民难舍难分。

陈毅主持制定《入城守则》

> 法律是无私的，对谁都一视同仁。在每件事上，她都不徇私情。
>
> ——托马斯

新中国成立前夕，在中共七届二中全会上，决定党的工作重心要由乡村转向城市，人民解放军打过长江后，要做好解放南京、上海的准备工作。不久，又确定上海解放后由第三野战军司令员陈毅担任市长。

为了顺利地解放上海和很好地接管上海，陈毅在江苏丹阳的总前委驻地多次召开干部会议，反复强调要加强入城部队的纪律教育。他还考虑，应该制定一个《入城守则》，以此来统一部队的行动。

有一天，陈毅找了几个干部，一起研究《入城守则》中应该包括哪些条款。

在研究过程中，有位干部提出：“入城部队要搞好军民团结，住在市民家里一定要做好卫生保洁工作。”

这时，陈毅插话说：“部队进城后住在哪里？这个问题应该很好地研究一下。依我看，入城部队住在市民家里是不合适的。”

过了几天，陈毅又把那几个干部召集到一起说：“昨天晚上我看了一本史书，其中有军队不入民宅的记载。我看，在我们制定的《入城守则》中，一定要写上‘入城部队在未找到营房之前，一律睡马路’这一条。”

多数干部都同意陈毅的意见。可有位干部却说：“我们的部队打了几十年仗，过去在农村每到一地都是住在老百姓的空闲房子里。上门板、捆铺草，担水扫院子，军民关系搞得很好，为什么到了大上海就要睡马路？”

陈毅解释说：“上海和农村不一样。上海是中国和亚洲最大的城市。这里长期被帝国主义和国民党的势力所统治。市民群众对解放军还不了解，住在一起是会引起纠纷和误会的。为了获得上海市民的信任和支持，我们的部队一定要做到进城不扰民，宿街不入户，用鲜明的纪律性作为送给上海市民的见面礼。”

听了陈毅说的这一番话，大家的意见都一致了。于是，在《入城守则》中列入了部队“不入民宅”的规定。

1949 年 5 月 24 日，解放军攻入上海市区。当时正下着濛濛细雨，可是入夜后，解放军指战员却露宿在高屋华厦的屋檐之下。

第二天天亮后，市民们走出家门，看到身穿土布制服的解放军指战员已经起“床”了。他们洗漱之后就吃早饭。吃的是冷馒头和咸菜。市民们见此情景十分感动，赶快从家里拿来面包、热包子和白开水，让解放军指战员食用，但都被婉言谢绝了。

很快地，解放军遵守《入城守则》，“露宿街头”的消息传遍了全上海。市民们从心里感到解放军是真正的人民子弟兵，于是纷纷涌上街头，热烈地欢迎解放军。

解放军通过遵守由陈毅主持制定的《入城守则》，为顺利接管上海打下了良好的基础。

汉谟拉比王制定法典

> 善为政者，刑先于贵，后于贱；重于贵，轻于贱；密于贵，疏于贱；决于贵，假于贱。
>
> ——唐甄

公元前 18 世纪，汉谟拉比王通过 30 多年的东征西讨，把幼发拉底河和底格里斯河两河冲积而成的美索不达米亚平原统一起来，在亚洲西部巩固和扩大了中央集权的巴比伦王国。它是世界上有名的文明古国之一。

巴比伦王国土地肥沃，水源充足，农业和畜牧业都很发达；加之它又位于贸易和交通的要道上，因而商业也是很繁荣的。在这种环境中，汉谟拉比王为了促进国内经济的进一步发展和保持社会的稳定，就制定了一部法典。这部用优美的楔形文字写成的法典，通称“汉谟拉比法典”。

汉谟拉比法典刻在一根高约 2.25 米，底部圆周 1.90 米的玄武岩椭圆形石柱上。1901 年被法国考古学家从地下发掘出来，现在保存在巴黎的卢浮博物馆里。

汉谟拉比法典分为序言、本文和

结语三个部分。本文282条，内容包括诉讼手续、盗窃处理、军人份地、租佃、雇佣、商业高利贷、债务奴隶、家庭与继承、伤害与赔偿、奴隶关系等诸多方面。其中大部分条文是为了处理自由民之间的关系而制定的。

在汉谟拉比法典中，处理自由民之间的纠纷采取了“以牙抵牙，以眼还眼”的原则。比如两个自由民打架，一个人被打断了一根骨头，对方就要同样被打断一根骨头作为赔偿；一个人被敲掉了牙齿，就要把对方的牙齿敲掉。法典里甚至还规定：如果房屋倒塌，压死了房主的儿子，那么，建造这所房屋的人就得拿自己的儿子去抵命。

汉谟拉比法典是尽力保护私有财产的。比如，它规定盗窃王宫或神庙财产的人必须处死；侵犯别人住处的人，必须就地处死掩埋；趁火盗窃财物的人，必须当场丢进火里烧死。同时，法典里还有一些保护妇女儿童的条款。例如其中有一条就规定：要是妇女认为丈夫对她不好或者妨碍了她的自由，可以要求离婚。离婚以后，男子负有抚养子女的责任。

因为当时的巴比伦王国是奴隶制国家，所以汉谟拉比法典规定奴隶主可以自由买卖奴隶，可以用奴隶抵债，自由民打死了奴隶，只需给死奴的主人赔偿20舍克勒（1舍克勒合8.416克）银子。但如果奴隶打了自由民的嘴巴，就要被割掉耳朵。可见奴隶和自由民的地位是极不平等的。

汉谟拉比法典是世界历史上第一部比较系统和比较完善的成文法典。它与口口相传的习惯法比较起来，是易于操作的；它与各种“私刑”和“家法”比较起来，是有了统一的量刑标准。这就为人们依法办事创造了便利条件。因此，汉谟拉比法典的制定是人类社会发展过程中的一个进步。

巴黎公社立法惩腐败

> 职权，对廉洁者是一根人生的拐杖；对贪婪者是一把自刎的利刃。
>
> ——民间谚语

巴黎公社是人类历史上第一个无产阶级政权。它为了防止公职人员像旧官吏那样攫取高薪，由“社会公仆”变为“社会主人”，采取的重要措施之一就是取消高薪制。规定任何公职人员的年薪不得超过6 000法郎，只相当于一个熟练工人的工资。这就使公职人员与普通劳动者处在了同等的经济地位，不能再靠升官去发财了。

在低薪制下，巴黎公社的绝大多

数干部和平民百姓一样过着俭朴的生活。如公社财政委员瓦尔兰每天中午在小饭馆里吃午饭，只花 25 个法郎，能够吃个半饱；另一个公社委员茹尔德为了节省家庭开支，总是让妻子和平民妇女一起在塞纳河边洗全家人的衣服。有一次，国民自卫军的爱德将军在帝国服装店给自己定做了一套贵重的呢子衣服，并把账单送到军需部要求公家报销。主管干部审查后，马上把账单退回，理由是："公社没有钱购买贵重的衣服。"

为了杜绝政府机关出现腐败现象，公社加强法制，严格纪律，对于那些违法乱纪的人给予了严厉的制裁。例如，有些公社的收税人贪污收缴的税款；有些军官虚报属下的士兵人数，侵吞军饷。这些事一经发现查实，就要被送上纪律法庭或军事法庭进行审判。对于确定有罪的罪犯一律要处以重刑。尤其是对那些为敌人诱降策反而行贿受贿的人，一律以叛国罪处以死刑。

公社的这些决定公布后，得到了严格的执行。1871 年 4 月 23 日，原公社美术局局长皮洛泰尔因为有盗窃行为被撤职查办；5 月初，军需主任古斯达夫·穆埃被控侵吞和贪污公款，也被公社立即解除职务并逮捕法办。

总之，巴黎公社通过立法惩治腐败，有效地制约了广大公职人员的言行举止，使他们不至于蜕化变质。在历史上，巴黎公社仅仅存在了两个多月的时间，但是涌现出来的纯朴、忠诚、无私的典型比以往的任何时代都多。

自觉遵守法纪

ZI JUE ZUN SHOU FA JI

晏子拒迁

> 好法律是由坏风俗创造出来的。
>
> ——马克罗维乌斯

晏子，名婴，春秋时齐国人，曾任齐国的相国。他为人机智，善于辞令，辅佐齐景公，把齐国治理得井井有条，齐景公很倚重他。

晏子任相国，可谓是一人之下，万人之上，职位算是很高了，但他所住的房屋却又矮又旧。齐景公心里觉得有些不安，想给他建造一所宽敞高大的房屋。

一天，齐景公对晏子说：“相国，你的房子又矮又破旧，而且离闹市太近，整日不得安静，长此下去怎么行呢？还是给你建个宽敞高大些的住宅吧！”

“感谢国君的关心，我住在那儿很好！”晏子感激地说，“我现在住的房子虽然破旧些，却是我祖辈一直居住的地方。我对国家亦无大功，住着先人留下来的房子心里还觉得不配呢，怎么还能换更好的房子呢？”

齐景公再三劝说，晏子始终不肯搬迁。齐景公为此很伤脑筋。

有位大臣对齐景公说：

“有倒有个办法，国君不妨试试。”

“你有何妙计，请快快讲来！”齐景公迫不及待地问。

“相国为人十分刚直，靠劝说让他搬迁是不可能的。国君要想了却此愿，只有等他不在家的时候，派人把他的旧房舍拆掉，然后再为他盖好新的房子，待相国回来，那时，生米已做成熟饭，他再反对也没有办法了。”

齐景公听罢，非常高兴，连声说：“好！好！好！”

不久，晏子出使晋国。齐景公照计行事，立即派人给晏子盖了一座华丽宽敞的新住宅。

晏子出使归来，刚到城里，就有人告诉他说，国君为他修建了新宅，原来的旧房子拆掉了，还拆了邻居的房子。听到这一消息，晏子深感不安，沉思良久，对身边的随从官员说：

“烦你去宫中禀告国君，感谢他的一番好意。但为了我能住上好房子，把左邻右舍都撵走了，我于心实在不忍。让我住在这样的宅院里，我一天也难安宁。请国君恩准重新恢复原来的住宅，让邻居回来居住，否则，我哪再有脸面回家。”

随从官把晏子的这番话转告了齐景公，齐景公十分生气，怒冲冲地嚷道：

“寡人尽心尽力为着他好，他却如此不识抬举！”

朝中大臣们也七嘴八舌地嚷开了：

“相国的做法，也着实有些不近人情。”

“真是好人做不得啊！”

“其实相国也有难处啊，他是百官之首，宫里宫外，上上下下，大小官员都看着他，他若身不正，影子就跟着歪了。”

齐景公听了大家的议论，考虑再三，对那随从官挥了挥手：

“好啦，随他去吧！”

晏子回到家中，立即叫人将新宅拆掉，重新恢复了原来的住宅，又将迁走的邻居全部一一请了回来。邻居们对他的行为都十分感动。

子罕却宝

> 赏不行，则贤者不可得而进也；罚不行，则不肖者不可得而退也。
>
> ——荀子

子罕，春秋时齐国的一名大夫。他虽身为京城中的官员，却从不恃权营私，贪恋钱财。不管是亲朋好友，还是素不相识的陌生人，凡别人送来礼物，他都一概拒收。

一天，子罕正在府中处理政务。忽然差役进来禀报说，门外有个人求见。子罕急忙放下手中的事务，示意有请。

不一会儿，差役把那人请了进来。只见他身着峨冠博带，衣冠楚楚。进得门后，一边向子罕施礼作揖，一边口若悬河地说开了：

“久闻大人英名，如雷贯耳，怎奈宋齐两国路途遥遥，无缘相见，今日得见大人尊容，实属三生有幸……”

子罕十分谦和地回答说：

“客人来访，理当会见．请不必多礼。”

接着，子罕想询问来人的情况和来意。然而那人却只管一面欣赏厅里的摆设，一面不断地奉承子罕。见此，子罕虽耐着性子，浑身却像针扎一样难受。出于礼貌，子罕不便发火，只好敷衍着和他胡乱谈了一会话。坐了好半天，也不见那人说明来意。子罕因身有公事，心里很着急，只得委婉地说：

“足下一路风尘仆仆，鞍马劳顿，是否先到客舍休息休息。”

那人说：“大人既是公务在身，小人不敢打扰，今日至此，只有一事相商。”说着，抬眼望了望子罕的左右。

子罕会意，向身边的差役们挥了挥手，让他们退下。那人见厅内别无他人，走到子罕跟前，低声地说：

“小人仰慕大人已久，今日得以相见，我这里有一块刚得到的宝玉，要是雕琢好了，它是无价之宝啊！现在我奉献给你，请大人笑纳。”

说着，那人从袖中把那块碧玉取了出来，双手递给了子罕。子罕接过那玉细看，确实是块宝玉。他放在手上翻来覆去看了几遍。然后，把那玉又递还给了那人。

那人一看，急了，他以为子罕怀疑那玉不是真宝，忙说：

“小人已请玉匠鉴定过了，的确是块价值连城的宝玉啊 l 你看这纹理多么华美，这色泽多么斑斓，这形态……”

子罕见那人如此百般殷切，笑着解释说：

“我并非怀疑它不是宝，我不收，是因为它是你的宝，而不是我的宝。对你来说它是无价之玉，而它对我来说就不是宝。你把碧玉作为宝，我把不贪作为宝。如果我收了你的宝，岂不是你也丢了宝，我也丢了宝。我看还是我们各自守住自己的宝好啊！”

听了子罕的这一番话，那人只得收起那块玉，灰溜溜地走了。

赵娥不枉公法

> 一民之轨莫如法。
>
> ——韩非子

刺客一般大多是暗地里行事，达到目的后，迅速隐形遁迹，逃避法律的追究。刺客大多以男士为主，女士偶亦有之，但为数是少之又少。这是刺客的基本特点和规律。假如有这样的一个刺客，身为女儿身，为了达到行刺目的，潜伏跟踪目标 10 多年之久，而且行刺成功后，非但没有像一般刺客那样迅速逃匿，而是自己前往公衙自首。那么，套用现在很流行的一个词“史上最牛的”，我们是不是可以称她为“史上最牛的女刺客”呢？

赵娥是酒泉人，他的父亲被人杀害了，而且她的三个兄弟也先后病死了，那么，这个杀父大仇谁来报呢？看来担子只能落在这个柔弱女子的身上了。赵娥的三个兄弟都死了，她的杀父仇人开始在家里庆幸，心想这下应该没人回来找我复仇了，自己庆贺了一番。但是很显然，我们的女主角却并没有偃旗息鼓就此罢休的意思，杀父之仇，焉能不报。心怀愤恨的赵娥，身上藏了一把尖刀，经常在路边寻找机会，欲报父仇。可是这个仇家也不是个省油的灯，出入必是家丁护送，戒备甚为森严。赵娥等了 10 多年，一直寻不到机会，但她从来没有放弃。终于有一天，在都亭里候到了机会，手刃仇人，为父亲报了仇。

杀了人之后，赵娥从从容容地走到县衙去，向衙门自首。她说："我的目的只是为了替父亲报仇，现在父亲的仇我报了，但是杀人是违法的，你们就依律处决我吧。"但是意想不到的事情出现了，县衙里管事的长尹听完她的诉说，被她的孝义所感动，索性摔下身上的官府和绶带，放下了手中的官印，说，"你这么忠义，我也不判你了。但是我作为执法者，不判你肯定是违法的，也免不了被惩罚。我现在官也不做了，咱们一不做二不休，一起逃跑吧。"事情就是出现了这样一个戏剧性的转折场面。

一般的刺客，即使杀人被抓之后，也想着办法拉关系、走门子、托熟人，想办法减轻自己的罪行或者最好是能逃离牢狱之苦。很显然，我为什么说她是"史上最牛的女刺客"，就是因为她完全不符合常规的行为。别人不惜千方百计为求保全性命或者减轻罪状，可是没有人有她这么好的运气，现在司法的官员自己要保全她，而且不惜丢了自己的乌纱帽，简直就是千载难逢的好机会。但赵娥却没有这么做，她说："怨塞身死，妾之明分；结罪理狱，君之常理。何敢苟生，以枉公法！"意思是说，我杀人当罪，这是我明白的道理，也是应该的；你作为"法官"，审判犯人，严格执行法律，这是你的职责。我怎么能苟且偷生，罔顾王法，污毁法律的尊严呢？

不争功名的两刺史

> 天下难治，人皆以为民难治也，不知难治者非民也，官也。
>
> ——唐甄

湛僧智和夏侯夔是南北朝时梁国的两名刺史，湛僧智驻于谯州，夏侯夔驻于司州。由于他们不慕虚名，不争功利，彼此谦让，而受到梁国朝野人士的称颂。

有一次，湛僧智奉命出征，他率兵把北魏的军队包围在广陵城内。两军相持对垒，共历时 9 个多月，一直没决胜负。

梁王见两军对峙旷日持久，指派夏侯夔率军前往广陵支援。夏侯夔率兵进驻广陵城外的第二天，北魏军将领元庆和派人前来求和，并表示愿意投降。

夏侯夔见此情况，心想：自己的军队才刚刚到，没有参加任何战斗，而湛僧智的军队在这里围城近 10 个多月，没有功劳也有苦劳，这次接受投降的使者应该是湛僧智。于是，他把湛僧智请来，十分诚恳地说：

“将军，此次魏军投降，请你出任使者，进城去接受北魏军的投降吧。”

湛僧智听了，和善地笑着说：

“我率兵在此攻城近 10 个月，元庆和就是不投降。你的大军一到，他就表示投降，这分明是怕你不怕我。假若我进城受降，一定会讳背他的意愿，弄得不好反而会出现变故，所以还是请将军您前往为上策。”

夏侯夔坚持认为，自己进城受降是贪人之功，不劳而获，所以一再诚恳地请湛僧智去受降。而湛僧智以为夏侯夔对他的真诚有所误解，所以又十分真挚地解释说：

“我的军队大多是招募来的，缺乏严格的军纪训练，要是进城之后，有的人若以胜利者的姿态在城里胡作非为，掠杀百姓，岂不造成后患？将军一贯治军有方，军纪严明，只要你约法三章，士兵们是不会乱来的。我坚持要请将军前往受降，完全是从全局考虑的。”

夏侯夔觉得他的话诚挚坦然，很有道理。再一想，进城时间如拖久了，可能会夜长梦多，使魏军投降一事发生变故。于是，他立即率兵登城，拔掉了魏军的旗帜，换上了梁国的旗号。

梁军进城后，果然军纪严明，深受百姓拥戴，全城秩序安定，广陵城和平地归属于梁国。湛僧智与夏侯夔的关系更加密切，他们这种相互不争功的高尚美德也为世人所称颂。

汉文帝赞赏周亚夫

> 法者，天下之程式也，万事之仪表也。
>
> ——管子

汉文帝后元六年（公元前 158 年），雄踞北方的匈奴大举进犯汉朝边境。锋芒直指都城长安。

面对万分紧急的军情，汉文帝采纳众文武大臣的建议，在长安附近的灞上、棘门和细柳三处部署重兵，设置军营，互为犄角，守卫都城。周亚夫担任了细柳营的镇守将军。

为了视察防务和鼓舞士气，汉文帝决定亲自到各个军营走一走，和将士们见见面。

这天风和日丽，汉文帝带着随从人员出动了。他们到达灞上和棘门这两个军营时，镇守将军和属下将校都在营门外迎候。汉文帝一到，立即营门大开，鼓乐齐鸣，士兵欢跃，热闹的场面像过节一样。汉文帝和随从们进了营门后，仍然骑马疾驰，直奔将军帐前。临走时将校们又送出营门很远很远。

可是汉文帝一行来到周亚夫统辖的细柳营时，却见营门紧闭。守营将士全副武装，完全是准备战斗的样子。

看见这种情景，汉文帝的随从们很不高兴。他们在营前高声叫喊："皇帝来到了，你们还不赶快打开营门接驾!?"

只听把守营门的将士说："将军没有下命令，谁也不敢打开营门!"

随从人员把这些话如实地报告了汉文帝。汉文帝听后，遂让人持节传达他的圣旨："我今天来军营视察和劳军，请周亚夫将军传令打开营门。"

周亚夫闻旨，才下达了打开营门的命令。不过，他又让把守营门的将士传话："军中有规定，进门要下马，军营内不得骑马快跑。"

遵照军中规定，汉文帝一行进了营门后就下马徒步缓进。走到将军帐前时，只见周亚夫身穿盔甲，威风凛凛地前来迎接。他对汉文帝拱拱手，作了个揖，就说："我军务在身，不便下跪，只能以军礼相见，请皇上谅解。"汉文帝微笑着点头表示赞同。

在周亚夫的陪同下，汉文帝巡视了细柳营，慰劳了营中将士。临走时，营中将士各守其位，没有任何欢送的场面。

汉文帝一行走出营门后，随行人员就议论纷纷。有些人认为，周亚夫这么做是对皇上的大不敬，应该教训教训才行。但是汉文帝却对周亚夫赞不绝口。他说："军营中就应该只听从将军的命令，时刻处于戒备状态。周亚夫这么做表现出他是个真正的将才。灞上和棘门的欢迎场面和儿戏一般，试想如果刚才匈奴的飞骑突然而至，那些人开营门的将士恐怕就只能当俘虏了。"大家听了这番话，都觉得汉文帝说的很对。

为了奖励周亚夫严于治军的作风，汉文帝晋升他为负责保卫长安六座城门的军事长官。不久，周亚夫就统率汉朝大军，经过激烈战斗，把匈奴赶到了长城之外。

司马迁拒受玉璧

> 刑罚者，治乱之药石也；德教者，兴平之粱肉也。
>
> ——范晔

司马迁是我国伟大的史学家、文学家和思想家，汉武帝时司马迁在朝中任太史令。

一日，司马迁正在书居中翻阅史书，忽然家仆来报说门外有客人求见。他急忙放下手中的书，示意有请。不一会，一位家仆打扮的人走进屋来，只见那人从怀中取出一封信和一个精致的小盒子递给司马迁。他打开信一看，原来是大将军李广利写来的。

这时，司马迁的夫人和女儿妹娟走了进来。妹娟好奇地打开那个小盒子。只见里面放着一块晶莹剔透、光彩夺目的玉璧，不禁脱口赞道："美哉！这真是稀世之宝啊！"

司马迁闻声，也不由自主地接过玉璧，翻来覆去地玩赏着，口里也赞叹道："是啊，如此圆润，这般光洁，真可谓白璧无瑕啊！"

站在一旁的夫人见此情景，开口问道："莫非大人想要收下此玉？"

司马迁笑笑说："便是收下又能怎样？而今送礼受贿已成风气，朝廷内外。举国上下，两袖清风者又有几个？"

夫人听罢，愤然作色地说："送礼受贿，投机钻营，历来为小人所为，大人对此一贯深恶痛绝，今日不知为何自食其言。不错，收下此礼也许不会有人追究，但只怕是要玷辱了大人的人格！"

司马迁一听，"扑哧"一笑，说："夫人所言正是。我只是故意考一考你，谁知你竟当起真了。"

接着，他又转过身来，语重心长地对女儿说："此玉之所以美，就是因为它没有斑点、污痕，人也如此。我是一个平庸之辈，从不敢以白璧来比喻自己，但如果收下这份礼物，心灵上就会沾染上污痕。"

说着，司马迁把玉璧装回盒中，交给那个家仆，随即又挥笔给李广利写了一封回信，表达了他的谢绝之意。

盖勋公私分明

> 人们的举止应当像他们的衣服，不可太紧或过于讲究，应当宽舒一点，以便于工作和运动。
>
> ——《培根论说文集》

东汉末年，汉阳郡长史（太守的属官，辅佐太守，掌一郡兵马）盖勋到任不久，梁州刺史梁鹄即来求见。

寒暄之后，话即转入正题。

“盖大人，某有一事请教。”

盖勋忙道：“不必客气，梁大人请讲。”

“是这么回事，”梁鹄靠近盖勋，附耳低声说道，“武威郡的一个小吏前日呈状告发他的上司何太守，说他贪赃枉法，草菅人命，盖大人你看怎样处置？”

“罪证可是确凿，”盖勋问道。

“罪证倒也确凿，只是……”梁鹄说到这里，把话停住，眼望着盖勋，观察他的反应。

“只是什么？既然罪证确凿，理当呈报上司，按律论处！”

“唉！盖大人难道不知道，这武威郡的何太守乃是太后的内亲……”

“这我知道！”

“可是盖大人知道那小吏是谁吗？”

“倒也不知。”

“他就是苏正和！”

“什么！”

一听是苏正和，盖勋陡然色变，一下迟疑了起来。

这苏正和是什么人？为什么盖勋一听到是他便神色大变？

原来这苏正和过去曾为一件私事与盖勋结下冤仇，盖勋一直怀恨在心，总想寻机报复，现在机会来了，可是这件事该怎样处理呢？

盖勋侧身问梁鹄：“梁大人你看这件事怎样处理才好呢？”

“盖大人，”梁鹄说道，“何太守朝中有人，得罪不得，我想不妨给那苏正和诬告上司之罪，投入牢狱，然后……”说到这里，声音更低了。

盖勋一下明白了，梁鹄因怕得罪权贵，丢掉乌纱帽，便设下这杀人灭口之计，来找他商量，是要与之合谋，日后好互相包庇，便冷笑一声，说道：“梁大人老谋深算，果真名不虚传啊！”

梁鹄洋洋自得地说：“不敢当。只是这样一来，既可为何太守开脱，又可为大人报仇，真可谓一箭双雕啊！”

“糊涂！”大出梁鹄意料，盖勋一下发起怒来，“苏正和秉公行事，告发赃官，光明磊落，怎么能因他是我的仇人便不分良莠，欲置他于死地呢？”

“这……”梁鹄一时不知说什么好。

盖勋接着说：“梁大人，你这样做，难道于心无愧么？”

盖勋这样一讲，圆滑的梁鹄急忙赔笑，改口说道：“盖大人说得极是，怎能诬良为奸，颠倒黑白呢！卑职回去，立即秉公审处此案。”

梁鹄回衙后，果真将何太守缉拿归案，但后来还是从轻发落，并未定罪。

不久，苏正和知道了这件事，他非常感激盖勋的宽宏大量，特地去登门拜谢。

不料，苏正和吃了一顿闭门羹。盖勋传话出来：“公事是公事，私仇是私仇，我不是庇护你苏正和，而是维护法纪，你别以为我已经忘却了对你的仇恨！”

第五伦禁杀耕牛

> 尽忠益时者虽雠必赏，犯法怠慢者虽亲必罚。
>
> ——陈寿

“哞……哞……哞哞”，一阵阵凄厉悲号的牛叫声，从会稽郡一个村落里传来。凄惨、恐怖，在夜空中弥漫，令人毛骨悚然，不寒而栗。

“这是怎么回事？”刚刚来会稽任太守的第五伦问旁边的一个侍从。

“这是宰牛的声音。听说这里的人常常杀牛，所以耕牛都不足了。”侍从回答说。

“走，咱们看看去。”说着，第五伦和侍从朝着牛悲号的方向走去。

这个第五伦是东汉时人，他家本姓田，但在西汉时，官府大量移民到关中，田氏家族也被移来，并且要以到来的先后次序为姓，所以就姓了第五。

第五伦为人正直，克己奉公，办事公平，又敢于陈述自己的政见，深得刘秀的赏识，召他任会稽郡太守。到任后，他便马上到下面巡视。

第五伦和他的侍从来到村里，发现家家都在杀牛。他很奇怪，未来会稽前，就听说这里的耕牛很少，老百姓耕田都成问题，因此，这里缴纳租税很困难，还常常出现饿死人的现象。可是人们为什么要杀耕牛呢？

他来到了一农户家里，见刚刚切下的牛头血淋淋冒着热气摆在堂上的供桌上。供桌上香烟缭绕，供桌下跪着一家人在那里祈祷。第五伦恍然大悟：原来杀牛是为了祭神。经过了解才知道，会稽这地方的人非常迷信，很相信神灵鬼怪之说。传说如果不用牛侍奉神灵，人临死时就会发出牛的叫声，而且还会有灾难降临。所以，每年腊月或农历的初一、十五，都要杀牲祭祀，供奉神灵。家家如此，耕牛便一天比一天少。

第五伦知道这种情况后，马上颁布文告：“谁也不许假托鬼神来愚弄百姓，违者严惩。随便杀牛的，也要严格惩处……”规定公布之后，人们议论纷纷，说什么“天命难违”，“谁敢违抗神灵会遭天祸的”。一时间，人心惶惶。有些人仍偷偷地杀牛，杀牛之后，就提着东西到第五伦家去求情。他们以为第五伦也会像前任太守那样，收了贿赂，就不再追究杀牛的事。第五伦非常生气，不论谁拿的东西，一律不收。然后派人到处巡视，发现宰牛的马上追查处理。过了一段时间，人们发现并没有什么灾祸降临，人临死前也没有发出牛叫声。而第五伦又竭心尽力地为百姓办事，就相信了第五伦，停止了宰牛和祭祀，生产也就慢慢地发展起来了。

由于他处处为百姓着想，当地的人都很敬仰他。可是，过了不久，第五伦受到别的事牵连，被征召入京，听候审理。临行前，会稽郡的男女老少有上千人到第五伦的府上，拦着车子不让第五伦走。第五伦眼含热泪对人们说："我第五伦能力有限，愧对大家的厚爱。我到了京城，绝不会忘记你们。况且我清白为人，朝廷会明决的。"人们只好闪开一条路，让车子走了。可是，一路上，到处都有呼喊的人群，有的人流着泪追赶着车子。第五伦一看没有办法，只好途中悄悄地改从水路走了。到了京师，出乎第五伦的意料，已经有上千人守候在宫门外，为第五伦喊冤。汉明帝见此案惊动了这么多人，害怕万一真有疏漏，不好收场，便亲自审理此案，终于查明了第五伦确实是受人诬陷，蒙冤受屈，就放他回乡，后来还任命他为蜀郡太守。

有的人看第五伦这样廉洁勤俭，不徇私情，就好奇地问他说："第五伦，你到底有没有私心？"听完这疑惑的提问，第五伦坦率地说："我侄子病了，虽常去看他，但仍能睡着觉。我儿子病了，即使不去看他，却睡不着觉，我怎么没有私心呢？"可是，为了公事和老百姓的事，第五伦从来是把自己放在第二位的呀！任何一个人都会有自己的私念和私情，但为了大家的事和别人的利益而牺牲自己的私利，这才是最为可贵的。

蔡文姬代夫请罪

> 有权衡者，不可欺以轻重；有尺寸者，不可差以长短；有法度者，不可巧以诈伪。
>
> ——慎到

蔡文姬，一代才女，蔡邕之女，在当时有盛名。据说蔡文姬不但文采斐然，精通音律，而且记性特别好。曹操有一次问她："闻夫人家先多坟籍，犹能忆识之不？"蔡文姬毫不犹豫地回答："昔亡父赐书四千许卷，流离涂炭，罔有存者。今所诵忆，裁四百余篇耳。"曹操想得到这些文稿心切，就说，我派 10 个人给你打下手，协助你把那些东西整理出来吧。但是蔡文姬却以男女授受不亲为由，委婉拒绝了曹操的好意。她自己一边想一边写。把所有的东西全部整理抄写完毕，基本没有任何遗漏和错误的地方。从这里我们可以看出，蔡文姬的功夫是多么了得。

然而就是这样冰雪聪明的一个女人，命运却颇为坎坷。古云英雄多磨难，大概才女也是如此吧。她先是从父命嫁给一个叫卫仲道的人，可惜这个卫仲道是个短命鬼，没有艳福消受一代才女的温存，没多久就死去了。丈夫死了，两口子也没孩子，蔡文姬就回了娘家。后来匈奴作乱，蔡文姬被匈奴兵掳掠去，被迫做了匈奴左贤王的老婆。在匈奴这一待就是 12 年，为左贤王生了两个儿子。曹操这个人特别仗义，他和蔡文姬的父亲蔡邕关系很好，很不一般。蔡邕死了，就这么一个女儿还流落他乡。于是曹操派人去匈奴，花了大量的财物和玉器给匈奴人，把蔡文姬赎了回来，并嫁给了一个屯田都尉董祀。可惜的是，这个董祀也是个不争气的家伙，后来也犯了死罪，被曹操处决了。这是蔡文姬悲惨的三次婚史。

蔡文姬不但才貌出众，精通文史音律，而且很遵法纪，用现在的话讲，就是法制观念很强。他的第三任丈夫董祀，因为犯了死罪，曹操要处决他。蔡文姬就蓬头垢面地跑到曹操那里去，她去做什么呢，他不是代丈夫说情，而是代丈夫向曹操请罪。蔡文姬的父亲在当时很有名，人气很好。所以那些官僚们看到蔡文姬都感觉很寒心，很伤感。再加上她的几次不幸遭遇，大家都有心帮他一把，看能不能赦免董祀的死罪，甚至包括曹操本人也有此意。曹操很为难地说，处决令已经发出去了，这可怎么办呢？怎么办才好啊？很是感到不好意思。这个时候，蔡文姬说话了，她说了一句很经典的话，原话是：“明公厩马万匹，虎士成林，何惜疾足一骑，而不济垂死之命乎！”她的意思是说，明公（即曹操）你的马厩里有万匹良驹，你有那么多的好马，何必在乎这么一只有病的马呢？你的虎贲狼兵，站起来像森林一样多，你有那么多的勇士，何必舍不得一个即将死的人呢？

挥泪斩马谡

> 凡将举事，令必先行。事将为，其赏罚之数必先明之。
>
> ——管子

蜀后主建兴六年（228 年），诸葛亮为实现统一大业，发动了一场北伐曹魏的战争。他命令赵云、邓其为将军，占据箕谷（今陕西汉中市北），亲自率 10 万大军，突袭魏军据守的祁山（今甘肃），任命参军马谡为前锋，镇守战略要地街亭（今甘肃秦安县东北）。临行前，诸葛亮再三嘱咐马谡："街亭虽小，关系重大。它是通往汉中的咽喉。如果失掉街亭，我军必败。"并具体指示让他"靠山近水安营扎寨，谨慎小心，不得有误"。

马谡到达街亭后，不按诸葛亮的指令依山傍水部署兵力，却骄傲轻敌，魏明帝曹睿得知蜀将马谡占领街亭，立即派骁勇善战的张郃与蜀军交锋。张郃进军街亭，侦察到马谡舍水上山，心中大喜，立即挥兵切断水源，掐断粮道，将马谡部围困于山上，然后纵火烧山。蜀军饥渴难忍，军心涣散，不战自乱。张命令乘势进攻，蜀军大败。马谡失守街亭，战局骤变，迫使诸葛亮退回汉中。

诸葛亮总结此战失利的教训，痛心地说："用马谡错矣。"为了严肃军纪，诸葛亮下令将马谡革职入狱，斩首示众。于是，他强忍悲痛，让马谡放心去，自己将收其儿为义子。而后，全军将士无不为之震惊。

马谡被推走了。诸葛亮拭干眼泪，又宣布一道命令：对力主良谋，临危不惧，英勇善战，化险为夷的副将王平加以褒奖，破格擢升为讨寇将军。善于自省的诸葛亮斩马谡，升王平之后，多次以用人不当为由，请求自贬三等，一品丞相为三品右将军，仍尽心竭力辅佐后主刘禅，欲图中原，成就大业。

正直清廉的父与子

> 功同赏异则劳臣疑，罪均刑殊则百姓惑。
>
> ——班固

胡质，三国时魏国的一位太守，他为人正直，执政清廉，虽先后任过县令和太守，但其家人一直过着很清贫的生活。

一年，胡质升任荆州刺史，他的儿子胡威从京都来看望他。由于家境清贫，没有车马仆童，胡威只得独自赶着毛驴前来探望父亲。父子在荆州相聚了10余天后，儿子胡威要返回京都了。临别时，胡质拿出一匹细绢，送给儿子以作为归途中的盘缠。

胡威见到这匹细绢，竟然大吃一惊，忙向父亲跪下，不解地问道：

"父亲大人，您一向廉洁清白，不知是从哪儿得到这匹细绢？"

胡质深知儿子的心意，高兴而又坦然地笑着对儿子说：

"孩子有所不知，这不是赃物贿品，而是我从薪俸中节省下来的，所以用来给你做路上的盘缠。"

胡威听父亲这么一说，才伸手接过细绢，告辞了父亲。

胡威独个儿赶着毛驴踏上了归途。一路上，他每到客栈，都是自己放驴、劈柴煮饭，从不雇用别人。三天后，一位自称去往京都的人，提出与胡威同行。此人谈笑风生，为人慷慨大方，自和胡威同行之后，百般殷勤地照料着胡威。他不仅处处帮着胡威筹划出主意，有时还请胡威吃喝。这样一连几天，胡威心中暗暗地纳闷了。心想，此人看来心眼并不坏，但他与我素不相识，为什么对我一见如故，又如此百般殷勤呢？胡威对他的行为产生了怀疑。

原来，此人是胡威父亲胡质属下的一个都督，早就有意想巴结讨好胡质，但听说胡质为人正派清廉，最不喜欢溜须拍马的人，所以一直没找到合适的理由和时机。这次，他听说胡质的儿子要独自回京都，自认为是个大献殷勤的好机会，于是他探听得胡威起程的日子，就提前以请假回家为理由，提前做好了准备，暗中带着衣食之物，在百里外的地方等着胡威，以便同他结伴而行。所以，他会同到胡威后，才有这一番表现。

胡威在多次与那人悄悄地谈心中，终于得知了真情。于是，胡威立即从自己的行包中取出了父亲送给他的那匹细绢，递给这位都督，以此偿还他一路花销的费用和情意。这位都督拒绝不收。胡威说：

“我父亲的为人，你应该是知道的。他执政廉洁，为人清白，从不接受别人馈赠，我做儿子的如果仗着他的权势占别人的便宜，就等于在这匹白绢上面泼上了污水，岂不大错特错了吗？”

那都督看到胡威态度如此坚决，心想，真是有其父，必有其子，只好十分尴尬地拿着那匹白绢和胡威道别了。

赵绰守法

> 言不中法者，不听也；行不中法者，不高也；事不中法者，不为也。
>
> ——商君书

大理寺掌固来旷上告隋文帝说：“大理寺官吏对囚犯过于宽大。”文帝认为来旷忠诚正直，让他每天早晨在五品官员的行列中参见。来旷又告大理寺少卿赵绰随便赦免犯人，文帝派公正的臣下调查，结果赵绰完全没有枉法偏袒囚犯的事情。皇上大怒，下令把来旷斩首。赵绰苦苦争谏，认为来旷罪不当死，文帝气得拂衣进入了内室。赵绰假称说：“我不再管来旷的事了，我还有别的事情，没有来得及启奏。”隋文帝叫人引赵绰进入内室，赵绰拜了两拜后奏请说：“我有三条死罪：我身为大理寺少卿，不能管教约束掌固来旷，致使来旷触犯朝廷的刑律，这是第一条；犯人罪不该死，而我不能以死力争，这是第二条；我本来没有另外的事情，而用欺妄的话来求见陛下，这是第三条。”文帝听了这番话后，脸色变得和善起来，正遇上独孤皇后在座，就下令赐给赵绰两金杯酒，连杯子也一起赏赐给了他。来旷因此免于一死，被流放到广州。

原陈朝大将箫摩轲的儿子箫世略在江南造反，按照隋朝律法，箫摩轲应当受连坐之罪。皇上说：“箫世略还不到 20 岁，能够做些什么呢？因为他是名将的儿子，被别人胁迫造反罢了。”于是便赦免了箫摩轲。赵绰苦苦劝告皇上不能赦免箫摩轲，文帝不能使赵绰改变主意，因此想让赵绰走后再赦免箫摩轲，便叫赵绰退朝回家。赵绰说：“我办的案子还没有了结，不敢退朝回家。”

刑部侍郎辛亶经常穿大红色的裤子，民间风俗说这样有利于官运通达，隋文帝认为这是在使用巫术，要将他斩首。赵绰说：“按照法律规定，不应该判死刑，我不敢奉诏。”文帝大怒，说：“你可怜辛亶，难道不可怜自己吗？”下令把赵绰拉出去斩首。赵绰说：“陛下宁可杀我，也不能杀辛亶。”赵绰被带至刑堂，脱下衣服将要问斩时，文帝又派人对赵绰说：“你到底改不改变主意？”赵绰回答说：“我一心一意执法，不敢爱惜自己的生命。”皇帝气得拂衣进入后堂，过了很久，才命令释放赵绰。第二天，文帝向赵绰道歉，慰问并劝勉他，赏赐给他锦三百缎。

司马康谢拒葬父金

> 约之以礼，驱之以法。
>
> ——苏洵

北宋著名史学家司马光的儿子司马康，官居著作郎，“为人廉洁，口不言财”。哲宗元祐元年九月，当其父司马光病卒于尚书左仆射门下侍郎（首相）任上时，朝廷派专使护丧，由首都汴京（今开封）送回原籍陕州夏县（今属山西省）安葬。哲宗御篆“忠清粹德之碑”的墓碑额，碑文由当时的大文学家苏轼撰并书，命就地刻碑竖立墓前，并赐给白金二千两，作为立碑费用。司马康提出：朝廷派人送丧，花钱已多，立碑费用，自己承担，不愿领这笔立碑费。朝廷不准，仍然把二千两白金发下来。司马康坚持谢拒，又派人将白金送回汴京，退还国库。

司马康为什么能退回葬父金，这是有良好家教历史渊深的。史称司马光是一位诚实君子，他从小就养成诚信不欺的优良性格，他那“击缸”救小伙伴的故事，尽人皆知。他曾说过“事无不可对人言”，成为千古名句。司马康在这样品德高尚的父亲教养下，才会做出退回葬父金的美事，从而也维护了他父亲司马光的美名。由此联想到今天，竟有些人，甚至有的政府工作人员，乘当干部的亲属死亡之机，置政策规定于不顾，向领导单位漫天要价，提出种种苛刻要求，不达目的，便停尸不葬，甚至闹成僵局。总之，是想借亲人丧事，向国家大捞一把。这不但暴露了自己的丑恶思想，也损伤亲人的声誉，更不符合中华民族的传统美德。

唐太宗下“罪己诏”

> 多虚不如少实。
>
> ——陈甫

唐太宗李世民是唐高祖李渊的次子。隋朝末年，李世民随父李渊起兵灭隋，建立唐王朝。李世民封为秦王，任尚书令。公元626年，李世民发动“玄武门之变”，杀死太子李建成、齐王李元吉，被立为太子。不久，唐高祖李渊让位，称太祖，李世民继皇位，称为唐太宗。

唐太宗不仅善于纳谏，精于用人，而且他能比较自觉地以国家法律约束自己，一旦发觉自己的做法违背了法律还能认真进行检讨。

一次，有个叫党仁弘的大将，做广州都督时，贪污了上百万的钱财。这件事被人告发后，主管司法的大理寺，将他依法判成死刑。可是唐太宗以往很器重党仁弘，认为他是个非常难得的人才，舍不得杀他。于是唐太宗便下了一道圣旨，取消了大理寺的判决，改成撤销职务流放边疆的处分。处理之后，唐太宗心里很不安，感到自己出于个人感情，置国家法律于不顾，做得很不应该。于是他把大臣召到金殿上，心情沉痛地向大家检讨说：“法律是皇帝按照上天的旨意批准制定的，皇帝应该带头执行，而不能因为私念，不守法律，失信于民。我因私念袒护党仁弘，赦免了他的死罪，实在是以私心乱国法啊！”

有些大臣正想宽慰唐太宗几句，但唐太宗说完以后却当场宣布，为了这件事，他将亲自到京城的南郊去，住草房，吃素食，向上天谢罪三日。

这一下，满朝的大臣都吃惊了，感到唐太宗为这点事，竟然要这样做，太过分了，于是便纷纷跪下劝阻。丞相房玄龄对唐太宗说：“皇帝是一国之主，生杀大权是皇帝掌握的，陛下何必把这件事看得这样重，内疚自贬到这种程度呢？”

唐太宗并没有因为大家的劝说、宽慰而原谅自己。他自责地说：“正因为皇帝是掌握生杀大权的，才更应该慎重认真，严格地按照国家法律办事呀。而我却没有听从大理寺依法判决的正确意见，反而不顾法律，一意孤行，这怎么能原谅自己呢?”

天快黑了，唐太宗见大家一直跪在地上阻拦，硬是不让他去郊外，便感慨万分地说：“你们不要跪在地上了，快起来吧。我决定暂时不到郊外向上天谢罪了。但是，一定要下诏书，把自己的罪过公布于天下!”说着就毅然拿起笔来，写了一道“罪己诏”。唐太宗在“罪己诏”中检查说：“我在处理党仁弘之事上，有三大过错：一是知人不明，错用了党仁弘；二是以私乱法，包庇了党仁弘；三是赏罚不明，处理得不公正。”唐太宗向大臣们宣读之后，立即下令，将他的“罪己诏”向全国的臣民公布。

崔枢应不贪宝珠

> 信用难得易失。费10年功夫积累的信用往往会由于一时的言行而失掉。
>
> ——池田大作

唐代有个书生叫崔枢应，他客居汴州（今河南省开封市）时，与一个外籍商人同住一招商客栈。外商见崔枢应忠厚诚朴，十分敬佩，两人成了很要好的朋友。

不久，外商得了一种怪病，很快便瘫痪在床。异乡卧病，倍感凄楚。崔枢应竭尽全力为他请医治病，熬药煎汤，照顾十分周到。谁知药石无效，外商的病情日渐沉重，崔枢应着急异常，却束手无策。

一日，外商将崔枢应唤到床前，握着他的手一边喘气一边说道：“我与君萍水相逢于逆旅，君子却不以外夷见弃，待我真是恩深情重，可叹贱躯不济，再难康复，让君子空劳一场，真是过意不去。”说到这里，便指着枕边一个小小的描金漆箱说道，“此箱内藏有我家祖传的一颗异珠。此珠藏之于身，可以冬暖夏凉，乃无价之宝，为表谢忱，谨将此珠献与君子，望勿见却。”崔枢应闻言赶忙说道：“先生美意，学生心领，但这异珠乃先生传家之宝，学生万万不能收受!”外商又道：“这是我的一片至诚，君子就不必谦让了。”但是崔枢应始终不肯收下。外商深深叹了一口气说，“贵国真乃礼仪之邦，君子诚属贤德之人，鄙人能有幸与君子结交，真可说是虽死无憾了!”

几天之后，外商逝世。临危时他托崔枢应暂将异珠保存，如日后他的子女来运柩返国，便将它交付给他们，崔枢应慨然允诺。

大约过了半年，一天，崔枢应正准备收拾行装返回老家，州府派来两名差人，不由分说地将他捆绑起来。

崔枢应大惊，问道：“学生所犯何罪？”差役边推边说：“到了公堂你自然知晓！”

崔枢应来到公堂后，州官把惊堂木一拍，说道：“大胆崔生，你枉读诗书，有辱圣贤，可耻可恶！赶快将你谋窃的异宝交出来，免动大刑！”崔枢应更是惊诧，回禀道：“学生历来奉公守法，所谓行窃之事，不知从何说起，求老父台明示！”州官厉声说道：“你还要狡辩么？你听着：据查，你曾与一外夷同住，过从甚密，那外夷死后，他的一颗宝珠不知去向，不是你窃走还有何人？如今，那外夷的亲眷已来索珠，你赶快交出，否则，严惩不贷！”

崔枢应这才明白过来，便坦然说道：“确有此事，但学生并未行窃啊！”于是，将事情从头至尾地讲了一遍，最后，崔枢应说：“外商死后，学生怕那异珠带在身边，万一有失，日后无物归还原主，也愧对亡友，便悄悄将它藏于死者灵柩之内，老父台倘若不信，可开棺验证。”

听了崔枢应的这番陈述，半信半疑的州官便立即命人掘坟开棺。果然，那颗玲珑闪亮的异珠确是放置在死者的遗骸旁边。

这时，州官转怒为喜，抱歉地对崔枢应说道：“下官一时鲁莽，让世兄受屈，得罪，得罪！”他见崔枢应对此毫不介怀，接着又说，“世兄见财不贪，非礼勿动，令人钦仰，下官当呈报上司，通令表彰。”

崔枢应乐于助人、重义轻财的美德，很快就传遍了汴州城，受到人们的热烈赞扬。

李义琰拒建相府

> 信犹五行之土，无定位，无成名，而水金木无不待是以生者。
>
> ——朱熹

李义琰，唐代唐高宗在位时的宰相。他身居高位，平时生活都过得十分节俭，穿的是一般布衣，吃的是粗茶淡饭，住的房子也是又旧又简陋，连一般官员的住房都不如。

他的弟弟李义琏见他一朝宰相，日子却过得如此寒酸，心中实在有些不忍，于是劝他重建一所新宅。可是不管怎么劝，他就是不同意。过了些日子，李义琰又去劝他，他还是不答应。

李义琰见哥哥如此固执，就决定自己来替哥哥操办此事，于是他拿出自己的钱，请人购置了一批建房材料，准备为他兴建一所新的宅院。

李义琰知道此事以后，连忙出来阻止，对弟弟说：

“我侥幸担任了宰相，已是感到

十分惭愧，常常觉得自己不太称职。如若再兴建豪华的宅第，贪图舒适安逸，只会招来灾祸，到头来是适得其反。”

李义琏不以为然，说道：

“如今从朝中大臣到地方官员，哪家没有高楼大院？你身为堂堂宰相，却住着如此低矮狭窄之房，岂不是不合情理。”

李义琰听了，仍心平气和地说道：

“人生在世，生活不可能都尽人意，但为人的品格则应追求完美。我为一朝宰相，身为百官之首，倘若迷恋享受，贪图安逸，岂不丢掉了做人的美好品德吗？”

李义珊见哥哥如此坚决，又言之有理，劝其建房之事，也就只好作罢了。

苏轼妙喻拒故人

> 世不患无法，而患无必行之法。
>
> ——桓宽

苏辙在宰相府任职时，苏轼是翰林院官员。当时，一个跟兄弟俩都熟悉的老朋友找上门来。“无事不登三宝殿”，来人是想请苏氏兄弟帮忙，闹个一官半职的，结果等了好长时间也未能如愿。

这天，来客来找苏轼，对他说：“希望内翰能替老弟说句好话，拉老弟一把。”苏轼慢慢说道：“旧时听说有一个人穷得没着没落，实在活不下去了，就打定主意，要去挖掘古墓。挖开一座古墓后，只见一个人，身上一丝不挂，坐在那里，对盗墓人说：‘你听说汉代有个杨王孙吗？我就是。所以要裸葬，就是为了矫正世人的薄养厚葬之风，哪有什么东西帮助你呢？’

“盗墓人不甘心，又凿开一座坟，不料这坟格外结实，费了九牛二虎之力，进到里面一看，原来是个皇帝。皇帝说：‘你不认识我吧，我是汉文帝呀！你看我身边这些陪葬的物件，所有的器具都是陶做的，瓦制的，金银玉器一件也没有，拿什么来救济你呢？’

“盗墓人不信自己这么倒霉，又去找古墓，这回找着两座连在一起的坟。盗墓人先把左面这座挖开，花了挺大气力，只听里面的人说：‘我是伯夷，人又瘦又弱，脸上一看就是难民的模样，最后饿死在首阳山下。哪有什么能满足你的愿望呢？’盗墓人听罢，大发感慨，想不到自己费了挺大的劲，居然一无所获。不如再凿右边这座坟，没准还能弄点东西。凿开之后，见里面的人同样又瘦又弱，有气无力地说：‘我看你还是到别的坟里转转吧，你就看看我这体格吧，能帮助你吗？我是左边那坟里人的弟弟叔齐，跟哥哥一起饿死的。你就死了这份心吧。'”苏轼的故事讲完了，老朋友也听明白了，哈哈大笑出门而去。

许衡不食无主之梨

> 要留心，即使当你独自一人时，也不要说坏话或做坏事，而要学得在你自己面前比在别人面前更知耻。
>
> ——德谟克利特

许衡，河南沁阳县人。他出生于农家，少年时期，就以聪明勤奋闻名。后来，元朝统一天下后，他曾当过元世祖忽必烈的太学士，是元朝有名的开国大臣之一。

南宋末年，天下大乱。当时，宋、金、蒙古三国各占一方，混战不休。老百姓为了逃避战火，纷纷离开故土，扶老携幼，四处逃难。

有一天，在金朝统治下的河阳县（今河南孟县）地界里，大道上走着一位十七八岁的青年。他背着行囊，腰挎长剑，眉宇间透出一股英气。这青年的名字叫许衡，他要到河阳县来向一位老学者请教学问。

许衡一边走，一边望着路边荒芜的田野、破败无人的村庄，胸中涌出无限感慨，他想：“如果战争再不停息，天下的百姓真是活不下去了。但愿我能辅佐一位英明的君主，统一天下，让老百姓重新安居乐业。”这样想着，他更加快了脚步，恨不能一步赶到那位老学者家中，把治国平天下的本领学到。

这时正是三伏天，炎炎烈日炙烤着大地，空中一丝风也没有。许衡走得汗流浃背、口干舌燥，真想找个地方乘乘凉，喝上一肚子甘甜的泉水。可这里刚刚经过战火，四周的人家跑得一干二净，哪里去找水喝呢？走着走着，他看到前面路边的大树下，有几个人正在那里乘凉。他急忙赶过去，希望能讨口水喝。走到近前，发现这几位是赶路的小商贩。一问，才知道他们身边带的水也喝光了，因为无处找水喝，正在那里唉声叹气。许衡只好在他们身边坐下，准备歇口气再走。

商贩们问许衡是做什么的，许衡告诉他们自己是个求学的书生。一个商贩叹口气说：“嗨，这兵荒马乱的年头，读书有什么用？要是学武，倒可能出人头地。”许衡说：“仗不会老这样打下去的，等战争停了，国家总是要有人来管理的。”商贩们一齐笑道：“看不出这小伙子倒挺有志气！”这时，远处跑来一个人，怀里捧着什么东西，边跑边大声喊着。商贩们都站起身来张望，原来那人是一起赶路的商贩，刚才独自出去找水。等他跑近，大家才发现他怀里捧着的，竟然是几个黄灿灿的、水灵灵的大梨！商贩们都欢呼起来，一齐跑过去抢梨吃。许衡也走上去问道："这梨是从哪里买到的？""买？"那个商贩哈哈大笑起来。"这地方的人都跑到山上避兵灾去了，连个人影都没有，哪里去买？""是呀，那你是从哪儿弄来这好东西的？"商贩们边吃边好奇地问。"我到那边村子里转了转，想找个人家，把水葫芦灌满。好家伙，别说是人，连个老鼠都找不着！水井也都被当兵的用土给填上了。我正在丧气，忽然看见一家院子的墙头上露出一枝梨树枝，上面结着几颗馋人的大梨。这下子，我乐得差点晕过去，可是跑过去一看，这家的院门都用石块给堵上了，墙头也挺高。我顾不上这许多，费了好大劲，才翻进院子里，摘了这些梨。那树上的梨还多得很，我们一起去多摘些，带着路上吃好不好？"

商贩们齐声说好，各自收拾东西，准备去摘梨，许衡插嘴问道："你说村里的井都被填上了吗？"

"可不，当兵的看老百姓都跑光了，一气之下，走的时候，就把井都填了，你甭想找到水喝。"

许衡叹了口气，默默地转身走开了。商贩们奇怪地问道："小伙子，你不和我们一齐去摘梨吗？"

许衡说："梨树的主人不在，怎么能随便去摘呢？"商贩们又笑起来，说："你真是个书呆子！这兵荒马乱的日子，哪里还有什么主人呢，再说，那树的主人没准已经被打死了呢。"许衡认真地答道："梨树虽然无主，难道我们自己的心里也无主吗？不是自己的东西，我是决不会去拿的。"说完，许衡背起行囊，挎上剑。他向商贩们拱手道了声别，就转身上了大路。背后又传来商贩们的笑声，许衡似乎根本没听见，他的脚步迈得更踏实。

赵广抗命

> 人与人之间，只有真诚相待，才是真正的朋友。谁要是算计朋友，等于自己欺骗自己。
>
> ——哈吉·阿布巴卡·伊芒

北宋以画人物鞍马和观音像擅长的著名画家李公麟，作画总是"立意为先"，造型准确，神态生动，对后代画家影响很大。

合肥赵广，曾作过李公麟家的小史。李公麟作画时，常叫他陪侍左右，有时还给他讲讲画画技法。由于耳濡目染，日习月练，后来赵广也工于绘画了。他的画，深得李公麟的精髓，尤其是人物鞍马，几乎可以乱真。

南宋高宗建炎年间，金兵南下，铁蹄所至，烧杀抢掠，惨绝人寰。赵广不幸被金兵俘虏，饱尝饥饿鞭笞的苦头。

后来，赵广工于绘画的事被金人知道了。一天，金军中的一个小头目将赵广领到营中，叫他在毡椅上坐下。赵广不知为何，暗自惊疑。这时，那位小头目说道："听说你很会画画，真是时来运转，我奉官长之令，要你画几张画，画好了大有好处。这对你来说，不过是举手之劳。你愿干么?"

赵广望望小头目，默默坐着，不吭一声。

那位小头目以为他已默许，继续说道："你回去从我军所俘获的汉人妇女中，选几个年轻貌美的画在纸上，马上交来。一定要画好，画得逼真!"

赵广仍不吭声，只默默坐着。

那位小头目见赵广不开腔，知他不愿画，便威胁说："不识抬举！你照我说的去画，定有你的好处。你画的美人像，只要吾主太宗陛下满意，按画选美入宫，你就可以加官晋爵，享不尽的荣华富贵！如若不从，就给你一刀，送你回老家去!"边说边抽出雪亮的短刀，在赵广眼前晃了几晃。

赵广一听，才知要叫他充当毛延寿的角色，不禁勃然大怒，高声骂道："你们太欺负人了！我生为大宋良民，怎能助纣为虐，把我们同胞姊妹奉献给野蛮荒淫的金酋呢!"

说完，赵广就再不讲什么了。他想：与其辗转奔波而死，不如就此挨上一刀，倒死得更有意义，更为痛快。

金兵小头目见赵广公然抗命，还大骂金邦首领，不由大怒，将刀一挥，直向赵广右手拇指砍去，霎时鲜血迸流，染红地面。赵广强忍剧痛，怒目而视，仍不吭一声。

那小头目见赵广正气凛然，威武不屈，只好无可奈何地骂道："杀死你是太便宜了。我只砍去你右手拇指，叫你一辈子也休想画画了。哈哈!"

他边骂边把赵广推出了营门，然后扬长而去。赵广也乘机逃离了金营。

后来，赵广用左手继续作画，而且多画观音像。因为他希望观音菩萨能搭救北方沦陷区的父老于水深火热之中。

范仲淹封金不纳

> 行一件好事，心中泰然；行一件歹事，衾影抱愧。
>
> ——神涵光

北宋著名的政治家、文学家范仲淹，出身于一个贫寒的家庭。他两岁时，父亲病死，母亲改嫁。仲淹从小就住在亲戚家，过着寄人篱下的生活。

贫寒的生活使范仲淹更加严格地要求自己。少年时期，他就以诚实忠厚、勤奋刻苦闻名。为此，很多人都愿意同他交往，甚至一些年龄比他大很多的人，也和他做了忘年的朋友。

当地有一位阴阳术士（指以占卜、看星相、炼丹等为业的人），是个风趣幽默、知识很广博的人。范仲淹在读书之余，常常向他讨教些天文地理、阴阳八卦之类的知识，那位术士也很喜欢这个诚实好学的少年，两人相处得十分融洽。

可惜，这位阴阳术士患有痨病（即结核病），身体非常不好。再加上他没日没夜地钻研炼丹术，更加重了他的病情。终于有一天，他病得起不来床了。家里人请来医生为他诊治，可是，已经为时过晚。医生摇摇头，说他的肺由于长期吸进炼丹的烟火，已经烂了几个大洞，再也无法挽救了。果然，他的病情一天比一天恶化。到临终那天，他请人把范仲淹叫来，两人做了最后一次谈话。

术士问范仲淹最近又读了些什么书，做了哪些文章，范仲淹一一告诉了他，还给他背诵了自己刚作的诗。术士听后露出了微笑，精神也好像振作了一些。他艰难地对范仲淹说："我早就看出你是个不寻常的少年，将来一定会干一番大事业，可惜我看不到那一天了。不过，我要你答应我一件事。"

范仲淹说："您讲吧，只要我办得到，我一定尽力去办！"

术士严肃地说："不是尽力去办，而是一定要办到。我要你不论遇到什么困难，都不能放松对自己的要求，要勤奋地读书，诚实地做人，将来出去干一番大事。不要像我，一辈子碌碌无为。"

仲淹含着泪说："我一定做到。"

术士又吩咐人拿来一个用火漆封了口，并加盖印章的口袋，交到仲淹手里，然后说："这里面有我祖传提炼'白金'的秘方，还有一斤炼成的'白金'。我的儿子尚年幼无知，传给他，我不放心。现在我把它交给你，希望它日后能对你有所帮助。"

仲淹急忙推辞道："您的好意我感激不尽，可这样的宝物我不能接受。您可以让家里人收藏，待小兄弟长大了，再传给他也不迟。"

术士见仲淹推辞，急得瞪起了眼睛，又剧烈地咳嗽起来，他挣扎着说了最后一句话："你若不收……我死……也不能瞑目了……"

仲淹再想推辞，已来不及了，术士的家里人和医生都奔过来急救。不一会，术士就断气了。仲淹双手捧着沉甸甸的口袋，泪如雨下。他知道，这位术士先生看自己生活艰难，希望帮助自己专心求学，才把这珍贵的遗产传给自己，而先生家里也并不富有啊。他想：我只有发奋苦读，才能不辜负先生这番美意。

这以后，范仲淹更加勤奋努力，每天都读书到深夜。读书之余，他常常拿出那个口袋激励自己，但他从来没有想过要用这笔财富来改善自己的生活。就是到穷得每天只能喝一碗粥的时候，他也没有打开过那个口袋。一些富人听说范仲淹藏有一个神奇的秘方，就打算花大钱给买过来，却都被他一口回绝了。连熟悉范仲淹的人也弄不清他留着这笔财富干什么。

十几年后的一天，在京城范仲淹的府第里，已经做了秘阁校理官的范仲淹正和一位年轻人交谈，两人谈得很亲切。原来这位年轻人就是当年那位术士的儿子，是范仲淹派人专程从老家请来的客人。只见范仲淹和蔼地望着年轻人，说：“听说你读书很用功，很有出息，我心里真是高兴。你父亲若在天有灵，也一定会感到欣慰的。我这次请你来，一是让你到京城见见世面；二是想了却当年你父亲托付给我的一件事。”

说着，范仲淹叫人取出那个珍藏多年的口袋，双手捧着送到年轻人的手里，说：“当年你父亲去世时，怕你年幼无知，保不住这件珍宝，就让我替你收藏这个口袋。现在你已经长大成人，又这样奋发有为，我想是该把它交还给你的时候了。”年轻人站起身来，眼里充满泪水。他双手颤抖着接过口袋，嘴里喃喃地说：“这……这是家父生前留下的遗物吗？”

范仲淹说：“正是，他还请我转告你，一定要勤奋地读书，诚实地做人，将来去做一番大事业……”

说到这儿，范仲淹望着窗外的蓝天，仿佛又回到十几年前的那一天，他的两眼也潮湿起来。过了一会儿，他转过头来对年轻人说：“这口袋里是一笔珍贵的财富，你要时时用它来激励自己。在你将来生活有困难时，它也许能帮你渡过难关。但是，更重要的，你要记住你父亲留下的话：‘一定要勤奋地读书，诚实地做人，这才是我这次请你来的真正原因。’”

看着年轻人眼里射出一股坚定的目光，范仲淹放心了，他觉得自己总算了却了一桩大事，没有辜负术士先生的谆谆嘱托。

送年轻人去歇息之后，范仲淹回到书房。老管家走过来说：“李太监又派人来问，那个炼白金的秘方何时能借去看看。”

范仲淹冷冷一笑说：“还按原来的话回答，那是我替别人收藏的东西，未经主人允许，不敢开封，请他恕我不能从命！对了，你再加上一句：东西现已归还原主，带离京城了。”

管家有点迟疑地说：“大人，李太监可是当今圣上的红人啊，望大人三思……”

范仲淹轻蔑地答道："他是红人也好，黑人也罢，不是自己应该得到的东西，就不能昧心私用。这是天经地义，也是我范仲淹做人的信条。这句话你也可以告诉他！"

说完，范仲淹大踏步地走出书房，舞剑去了。

黄裳还珠

> 诚无不动者，修身则身正，治事则事理。
>
> ——杨时

黄裳是宋朝人。小时候，他不仅是乡里有名的神童才子，而且还是一个非常诚实的好孩子。

一次，他到城里办事，夜宿在一家小旅店里。上床刚躺下，只觉得腰部下面好像有什么东西硌着。用手一摸，席子下面有一个硬邦邦的东西。他翻身起床，揭开席子一看，原来是一个装着东西的布袋。他解开布袋，随手往桌上一倒，只听见"哗啦"一声。黄裳一见，立刻惊呆了：原来从布袋里倒出来的是一堆珍珠……

他连忙把珍珠收拾进布袋，又把布袋口扎好，然后放在枕头底下，重新上床睡觉，可是，此时睡意全无。他想：自己长到 20 岁了，还从没见过这么多珍珠，应该怎样处理它们呢？经过反复思考，他决定把珍珠还给它的主人，——因为这可能是失主的全部积蓄。如果留下这不义之财，自己一辈子都会受良心谴责。

第二天一早醒来，他立刻从店里借来笔墨，在留言墙上写道：某年某月某日，隆庆府普成人黄裳曾住此店某某号房。

办完这些，黄裳准备上路了。临行前，他对店主说："如果有人到贵店来找珍珠，你就请他到城里去找我。"接着，又详细地向店主介绍了自己在城里的地址。

他到城里没过几天，就有失主来找他。在对证无误后，黄裳痛痛快快地把珍珠还给了失主。

失主非常感激，想送给黄裳几颗珠子作为谢礼，却被黄裳谢绝了。这事传扬出去后，人们都称赞黄裳是个德才兼备的好书生。公元 1169 年，24 岁的黄裳考中了状元。

善守清廉的元明善

> 赏当其劳，无功者自退；罚当其罪，为恶者戒惧。
>
> ——吴兢

元明善，字复初，元朝大名清河

（今河北）人，元朝文学家，著有《清河集》，曾任湖广两省参知政事、翰林直学士、参与修撰《成宗实录》、《仁宗实录》等。

元明善才思敏捷，文辞清新，为人又清正廉洁，元仁宗非常器重他。

一次，元仁宗命一位蒙古族大臣为正使，元明善为副使，组成一支有文有武、蒙汉多民族的外交使团，出使交趾国（今印度支那地区）。在交趾国外交公务办完后，交趾国国王派人给元朝使团送来一批金银、珠宝等礼物。看着这些厚礼，使团中的官员多有不同的想法和反应，大家都在看着正副使节的态度。

正使见后，非常高兴，连声说："多谢国王的厚意"，就把给自己的礼品收下了。随从人员见正使答应收下了，便各自纷纷地收起给自己的礼物。只有元明善表现非常冷淡，心中很不高兴，只是正使已收下了，自己不便多说。

正使看到元明善这个样子，以关心的态度劝说道：

"给你的这份礼品，就让随从给你收起来吧！"

"不，不，大人！"元明善急忙摇头阻止说。

"为什么？阁下莫非嫌这份礼品轻了？"正使不解地问。

"不，不，请大人不要误会。家母在世时，一再教育下官不得收受馈赠，她老人家在弥留之际，还拉着我的手要我点头答应才肯瞑目。"

正使深知汉族人的礼教，又知元明善极重孝道，不便勉强，便冷冷地说了声："阁下不违母教，可敬，可敬！本官不再勉为其难了！"说完，一拱手回房去了。正使走后，元明善立即令其随从将给他的礼品交给馆舍人员，让转呈交趾国王。

交趾国派来送礼的人，把所见情形如实地向国王做了禀报。当谈到正使及随行人员的行为时，在座君臣们不免心中暗笑，认为元朝官员品格不过如此。但当谈到元明善拒收礼品时，大家都非常震惊。国王觉得这是位神奇人物，一定要见识见识。于是亲自到馆舍特意拜访元明善。

国王看到元明善简朴的行装，暗暗钦佩，端正不语。元明善并不知国王来意，忙恭敬地说：

"国王政务繁忙，何必又来送行？"

国王笑了笑，说：

"我因有件事很不理解，特来求教。"

元明善起身说道：

"请国王明示。"

国王请元明善落座，温和地说：

"敝国为感谢使者们跋山涉水远道而来，特备薄礼相赠。贵国大臣及随从人等均已收下，独你作为副使为什么不收？"

元明善没想到国王特来询问此事，感到有些惊奇。心想，在国王面前，他既不能公开指责上司，说正使贪财受礼，有失国格，也不能再推说自己是遵照先母遗教。沉思片刻，他巧妙地解释说：

“谢谢国王的好意，大使是代表我们国家接受贵国的礼品，表示两国和睦友好，我个人如若再接受礼品，就有贪财之嫌，有损我国的国格了，为了尊重我国的礼节，所以我不能接受，请大王谅解。”

国王听了他这番不卑不亢，巧妙机智的回答，赞叹不已。站在一旁的正使听后也连忙应付道；

“是的，是的，我接受的这份礼品正是代表我们国家的。”

回国后，正使只得把国王送的那份礼品上交了。

为官不贪的于谦

> 时刻发现自己的错误，大胆率直地承认，敏捷勇敢地更改。
>
> ——恽代英

于谦，字廷益，钱塘（今杭州）人，明朝杰出的政治家、军事家、著名爱国民族英雄。于谦自青年时代就抱定以天下为己任的宏愿。他为官30余年，先后任过山西道监察御史、兵部右侍郎兼河南、山西都御史、兵部左侍郎兼巡抚、兵部尚书等职。由于他特别注重做人与为官的节操，认定“名节重泰山，利欲轻鸿毛”，一生不改谦虚简朴的本色，人们赞扬他是：铮铮铁骨，一身正气；重节轻利，两袖清风。

明英宗朱祁镇即位时，太监王振把持朝政，勾结内外贪官污吏，作威作福。那时，外地官员进京，必须馈送重金厚礼，不然，轻则办事困难，障碍重重；重则降职免官，甚至下狱遭殃。对此，于谦从不趋炎附势，从不随波逐流。他在外地做官，每次进京，从不带任何行贿之物，只带随身行装。

一次，一位好心的朋友劝他说：

“你不带金银入京，带点手帕蘑菇之类的土特产品送一送也不妨么。”

于谦举起袖子，笑着说：

“谁说我没有带东西呀？你看，我这不是有两袖清风吗！”

为此，他还作了一首《入京》的诗：

“绢帕蘑菇蓝线香，本资民用反为殃。清风两袖朝天去，免得闾阎话短长。”

正统十四年（1449年），土木堡之战，明军大败，英宗被俘。为保卫北京，挽救明朝危亡，于谦功劳卓著，贡献无比，声望大增，被誉为“救时宰相”。但于谦从来口不言功，行不倨傲。一些功不及于谦的人，得到的封赏却重于于谦，心中过意不去。于是，上书皇上，建议给于谦儿子加官升级，以示奖功赏绩。

一天，景帝召见于谦说：

“众臣为你请功，你以为如何？”

于谦恳切地面辞说：

“国家多事，做臣子的不应考虑自己的私利，请皇上不必多虑！”

于谦一心为国，一生清廉，虽身居高位，却向来不置家产，连自家所住房屋，也极为普通，常被人们认为是普通百姓之家。他 59 岁那年因遭诬陷后被害，朝廷派人抄家，才发现他家里没有一点私财，只有正室锁闭严实，打开一看，只是放着景帝赐给他的蟒袍和剑器。

于谦的一生正如他年轻时所写的《石灰吟》七律诗一样：“千锤百凿出深山，烈火焚烧若等闲。粉骨碎身浑不怕，要留清白在人间。”

王翱不徇私情

> 赏妄行则善不劝，罚妄行则恶不惩。
>
> ——魏征

王翱是京师盐山（今河北盐山）人。他通过两试被选中，授大理寺官。明宣宗时，王翱任御史；英宗即位，升为右佥都御史；代宗时，官至吏部尚书。英宗再次复位，王翱仍受重用，经常被召到殿。直到宪宗成化初年，他才因病退休，卒年 84 岁。这样一个任官几十年的元老，虽然一直受到皇帝信用，但他为官却很谨慎，不徇私情。王翱长期在吏部任职，掌握官吏的铨选重责，因此他总是谢绝私人的宴请或谒见。下朝以后他不回家住，除了初一、十五、过年过节需归家拜谒祖先灵位，总是住在值班的地方；每当吏部研究选拔官吏，如果他被召入宫，需由侍郎代他主持选拔时，不论回来多晚，他都要去办公处审查选拔的情况，唯恐有所不当。他们研究选拔官吏的情况，从来不预先透露给别人。他说：“吏部不是让人感恩谢德的地方。”王翱对自己要求严格，对家庭要求也很严格，从无特殊。代宗知道王翱家贫，特在他老家盐山为他治宅地，还要把他的孙子选入太学，而王翱则不让他的孙子接受推举，他说：“不要去堵一般学子的路。”王翱的女婿贾杰就在京城附近任官，王翱的夫人每次把她的女儿接回家来住时，贾杰都埋怨说：“你爸爸在吏部负责官员的选调，把我调回京师任官是易如反掌的事，干什么这么不嫌麻烦地往回接你？”王翱夫人听到这情况，找个机会就和王翱说了，王翱听后大怒，推翻案桌砸向他的夫人，脸都被打破了。

纪律严明、爱兵如子的左宗棠

> 我愿证明，凡是行为善良与高尚的人，定能因之而担当患难。
>
> ——贝多芬

左宗棠，清代时湖南湘阴人，曾任闽浙、陕甘总督和协办大学士、军机大臣等职。他的一生中，大半生是在戎马倥偬中度过的，晚年病逝于抗法前线的福州。

左宗棠出身于农家，平日过惯了寒素生活。做官时，他常亲自灌园种菜，不喜玉食，治军时，常到军中走动，与士兵一起劳作。

一年，他督师到甘肃安定县。兰州道蒋凝学见他已是61岁高龄，因而劝他迁住省城兰州总督府居住。然而他却想到正在前线浴血奋战的广大官兵比他更为艰苦，硬是谢绝了其部属的一番好意，坚持与士兵同甘共苦，住进军中帐篷。

左宗棠不仅自己身先士卒，与将士同享甘苦，而且平时还不断要求他的部将要爱兵犹如爱子，告诫他们带兵时要有如带子弟的心肠那样去带他们。在他亲自制定的《禁军管制》中，还专门写了体恤兵勇的条文。每当在打仗时，因奋勇而阵亡，或伤重而身故的兵丁，凡家境贫寒者，左宗棠除了要求官府给予抚恤外，他自己还掏腰包，补贴他们的遗属，以示慰问。

1875年，清政府任命左宗棠为钦差大臣，前往新疆督办军务。在挥师西征途中，一路上他只住营帐，从不住公馆。他常穿着一身布衣长袍，守着一张白木板桌办公。在恶劣的气候条件，帐外或沙土飞扬，或雨雪交加，他仍是伏在灰暗的灯烛下，不辞辛劳地处理繁重的军务。实在劳累极了，就踱出帐外，和军士闲唠，丝毫不摆长官架子。

他坐镇于酒泉，运筹于帷幄，繁重的军务终于累得他病倒了。但是，为了早日从沙俄手中收复新疆失地，实现他的“与西事相始终”的誓言，他不顾自己“衰病日臻”的病体，继续率军西征。

军队在向哈密行进的途中，正遇上漫天风沙、冰雪交加的恶劣天气。沿途地方官吏，为照顾他的病体，多次力劝他住进公馆，左宗棠都执意不从，依旧是住在营帐之中，坚持着和将士们同甘共苦。

为了向全军将士表示他誓与沙俄侵略军决一死战的决心，在行军中，左宗棠还特意命令其部属抬着棺材随军前进，随时准备为国捐躯。

左宗棠的这种誓不生还、效命疆

场的悲壮之举，极大地激励和鼓舞了讨伐侵略者的同仇敌忾。因此，在出征和追剿阿古柏匪帮的战斗中，全军上下，出现了万众一心，奋勇杀敌的壮烈场面。

左宗棠在历史上是个功过各半的人物，但他在带兵征战中，身为军中将帅，事事严于律己，身先士卒，与士兵同甘共苦一直为后人所称颂。

詹天佑买马车

> 德行的实现是由行为，不是由文字。
>
> —— 夸美纽斯

詹天佑是我国著名的铁路工程师。他先后指挥了塘沽、天津间的铁路铺轨工程，完成了滦河大桥工程和著名的京张铁路工程。

詹天佑一心想着发展中国的铁路事业，从不考虑个人的享受。他还常教育青年要克己奉公，诚恳待人，不要沽名钓誉。

1914 年，他被提升为粤汉铁路督办。按他的官职，也考虑到他工作的需要，政府准备给他购买一辆汽车。可他为了节约工程经费，以把钱用到铁路建设上去，坚决不同意为他买汽车，而是用自己的钱买了一辆马车。他坐着马车，沿着铁路线，风尘仆仆地往来奔走。

有人说："督办坐马车，太不气派了！"

詹天佑却笑着说："什么气派不气派！要气派，我连马车也不坐了，干脆买一辆自行车骑骑，又方便又自由，又锻炼身体！"

詹天佑有五个儿子，都是学铁路工程的。他的第二个儿子文琮从美国耶鲁大学留学回国后，立即参加了修建奥汉铁路的工作，主管人员按照规定，将文琮的月薪定为 100 元，可是詹天佑不同意，只许定 70 元。大家觉得这样很不公平。詹天佑向大家解释说：

"就算不公平吧，这也不是让文琮多拿钱的不公平。我自己的儿子宁可少拿一点，这样，我说话办事才能让人家信服！"有一次，詹天佑听说自己一个在铁路上做事的侄儿占用了公款，非常生气。偏偏有人看在他的面子上，想把事情包庇下来，詹天佑更加怒不可遏，立刻派人拿着自己的名片去找主办的官员，一定要公事公办，不许徇私枉法。结果，这个侄儿被关押了几个月，直到把亏空的公款全部还上，才得到释放。

孙中山不让大哥当都督

欲人勿闻，莫若勿言；欲人勿知，莫若勿为。

——《汉书·枚乘传》

辛亥革命以后，孙中山当选为中华民国第一任临时大总统。这时，一些亲戚和私交很深的朋友纷纷找上门来，要求他给安排个政府职务。但孙中山始终坚持用人“唯才能是称”的原则，绝不滥用私人。

孙中山的大哥孙眉是个著名的华侨资本家。当初由于家中贫寒，孙眉几乎没有念过书。他 18 岁去檀香山当雇工，经过艰苦的拼搏，逐渐积累资财，成了雇工1 000多人，拥有两万多亩土地的牧场主。孙眉有了钱，就供给孙中山在檀香山和香港上学的一切费用。并且在孙中山的影响下，最早参加了革命团体兴中会。后来革命遇到挫折、经费发生困难时，孙眉毅然卖掉牧场，赞助孙中山领导的革命。他对革命是有贡献的，因而广东的父老绅商推举孙眉出任都督，掌管全省的军政大权，建议孙中山委任。

孙中山对于自己的大哥是很了解的。他认为大哥会经商做生意，但不擅长搞政治活动。孙眉虽然和自己手足情深，对革命也有过贡献，可这些都不能成为当官的资本。因此，他经过反复考虑就没有签发让孙眉当广东都督的委任状，还致函广东各界团体和各个报馆，加以谢绝。同时也给大哥写了封信说明理由，婉言劝阻。

孙眉知道自己的弟弟竟然不同意自己出任都督，心里非常生气，所以 1912 年 5 月，当孙中山回到广东家乡视察时，就当面质问弟弟：

“广东各界推举我当都督，你是大总统，只要下个委任状就可以了，可你为什么不同意呀?”

孙中山回答说：

“我当总统是要为天下百姓做事，因此用人只能‘惟才能是称’，尤其是对于自己的亲朋，应当要求得更严格些。”

“可我不但是你的大哥，而且还数次献出巨款支援革命，到后来把在檀香山的家产都卖了，所得钱款都充作革命经费，我也回乡做了小买卖。我为革命办了这么多事，难道你就忘了吗?”孙眉还有些不服气地说。

孙中山很深沉地想了一会儿，慢慢地回答说：“你对革命有贡献，为革命做了许多好事，这我永远也不会忘记，国家也不会忘记。可是现在，担任都督管理一个省是需要有政治才干的，不能因为你对革命有功，又是我唯一的亲哥哥，就让我委任你做都督。这么做，对国家不利，对你也不好。所以我建议你还是去干自己熟悉的本行，全力以赴地兴办实业。这么做，既能为国家出力，也能为民众造福，该有多好呀!”

孙眉听了这一番话，觉得句句在理。于是兄弟二人越谈越兴奋，一直谈到深夜也不肯休息。

王盛荣千里运黄金

> 学者于贫贱富贵不动其心，死生祸福不变其守，则天下之事无不可为矣。
>
> ——王廷相《慎言》

第一次国内革命战争失败以后，中国共产党领导的工农武装深入农村，创建革命根据地。到第三次反“围剿”斗争胜利的时候，赣南、闽西两块根据地已经连成一片，形成拥有21座县城，面积5万平方千米，居民达250万人的中央革命根据地。与此同时，其他革命根据地也有了很大发展。

革命根据地为了支援在国民党统治区坚持斗争的地下党组织开展工作，常常派人送去活动经费。在第三次反“围剿”斗争胜利后，1931年冬中央根据地又筹集了上千两黄金，决定派王盛荣带领一个便衣小分队，经香港把黄金运往上海，交给地下党组织。

王盛荣从小就参加了革命。他曾经在莫斯科中山大学学习过革命理论，归国后分配到中央根据地工作。他虽然完成过许多艰巨的革命任务，但像千里运送黄金这样的工作，还是第一次去做。因此，他觉得万钧压肩，责任重大。

王盛荣和他的队员出发之前，苏维埃中央政府的董必武同志反复交代：

“给上海地下党送的这些黄金，有的是通过战斗从敌人手中夺过来的；有的是在打土豪过程中筹集的。尽管现在根据地也十分困难，但我们宁可自己再艰苦些，也不能让地下党的工作受影响。”

董必武同志还说：

“你们这次运送黄金，一定要遵守纪律，公私分明，无论发生什么情况，也要确保黄金的安全。要排除各种困难，分毫不少地把黄金交给上海的地下党。”

董必武谈话后，在一天拂晓，王盛荣和他的队员把黄灿灿的金条打包密封，经过巧妙的伪装后车推肩挑，还带着手枪、手榴弹之类的轻武器，离开苏维埃中央政府所在地江西瑞金，踏着霜华厚重的土地出发了。

王盛荣带领的这支便衣小分队走出中央根据地的边境之后，为了躲避敌人的追捕，一路晓行夜宿，有时走上乡间偏僻小径，有时走进人烟稠密的都市。他们小心翼翼地迂回前进。几个月过去了，临行前上级发给的路费用完了。怎么办？有人提议在这种特殊的情况下挪用一点准备送给上海地下党的黄金。但是王盛荣坚决反对。他说：

“我们一定要遵守纪律，绝对不能挪用送给上海地下党的黄金。现在路费用完了，我们就沿途打工解决吃饭问题，一定要克服各种困难来保证黄金的安全。”

于是，王盛荣带领的便衣小分队一边赶路，一边打工。他们有时在城里当搬运工，有时在农村帮助农民盖房、插秧，把微薄的收入当做路费，省吃俭用地继续赶路。

当这支便衣小分队到达灯红酒绿的香港时，有人提议应该拿出点黄金来，让大家去饭馆里美美地吃一餐。但王盛荣仍然回答说：

“我们要遵守纪律，给上海地下党的黄金分毫也不能动。”

就这样，王盛荣带领的便衣小分队硬是靠着沿途打工糊口，把上千两黄金分毫不少地从瑞金运到上海。当他们把黄金交到指定地点时，地下党的同志望着王盛荣和他的队员个个衣裳褴褛，脸颊深陷，都感动地落下了眼泪。

常登洪“高价”买菜

富与贵，是人之所欲也。不以其道得之，不处也。贫与贱，是人之所恶也。不以其道得之，不去也。

——《论语·里仁》

淮海战役中，解放军某部在紧追南逃之敌时，开进了新解放的陈庄，决定在这个村里暂时休整。

司务长常登洪在宿营地把伙房安顿好后，就叫炊事员赶快烧火做饭。他自己背起了一个箩筐，想向村里的老乡买点菜。

经过战争的浩劫，陈庄村里一片苍凉。常登洪在村里东走西转，转到村北头的一块菜地里，才看见还有一畦胡萝卜留在地里。但菜地的主人不在。怎么办？常登洪心想：先拔一筐胡萝卜，然后进村寻找菜地的主人，过秤付钱也就是了。

常登洪拔满一筐胡萝卜，正准备起身进村的时候，迎面走过来一位年过半百的老大爷。老大爷看见一个穿军装的人拔了一筐胡萝卜，脸上露出一副无可奈何的神气，站在路边举步不前。常登洪上前一问，才知道这位老大爷就是菜地的主人。

常登洪向老大爷讲明情况后，接着就问：“这胡萝卜多少钱一斤呢？”

老大爷强作笑脸地说：“老总，您吃菜只管拿就是了，还给什么钱？”

“不，咱们解放军是人民的军队，不拿群众一针一线，这是部队的纪律。怎么能不给钱就吃菜呢？”常登洪知道新解放区群众对解放军还不了解，所以耐心地解释着。

老大爷半信半疑地向常登洪看了好一阵，才说：“老总一定要给钱，那就算一斤100元北海币吧。”

“100元钱一斤？”常登洪吃惊地发问。

老大爷以为常登洪嫌要的价太高，就赶紧说：“这胡萝卜是自己地里种的，钱多钱少没关系，老总看着给吧。”

“不，老大爷，我知道这胡萝卜的市价是200元一斤。你要的价太低了。我们解放军不能让群众吃亏，我就按市价给您钱吧。”

老大爷愣住了。他从上到下地打量着常登洪这位解放军战士。心想：买卖买卖，自古以来就是漫天要价，落地还钱。现在这买卖竟然倒了过来，成了要价低，还价高，真是一件怪事。

老人爷想得出神，又听见常登洪说：“老人爷，您先把这五千元北海币收起，咱俩现在一起进村，把菜过过秤，多退少补，就把菜钱结了账吧。”

常登洪说完，背起罗筐朝前走了，后头跟着喜在心头、皱（zhòu）纹已经舒展的老大爷。

罗瑞卿补买站台票

勿以恶小而为之，勿以善小而不为。

——刘备

罗瑞卿是新中国的第一任公安部长。他一向严于律己，经常教育公安干部要全心全意为人民服务，模范地遵法守纪，绝对不能搞特殊化。

有一次，一位贵客要来北京，罗部长决定亲自到火车站迎接。但是，那天他忙完公务后时间已晚，赶到车站门口时，火车已经快进站了。

按照惯例，尽管火车站允许执行公务的公安干部进入站台，但是罗部长每次进站接人还总是要买站台票。这一次实在是来不及了，于是随行的小姚同志紧走几步，先向检票员打招呼说：

“我们是公安部的，要进车站接客人。”

检票员一听，就很热情地请罗部长、小姚和汽车司机进了站台。

在回来的路上，罗部长问小姚：

“刚才我们进站时，你买站台票了吗?”

“没时间买啦，我打了个招呼就进去了。”小姚如实地作了回答。

“那么，出站时为什么不补票?”罗部长带着责备的口气问。

“……”小姚一时间回答不出话来。

当把贵客送到住处以后，罗部长用深沉的目光望着小姚，对他说：

“现在，你赶快坐我的车到火车站去，补买三张站台票，我们公安干部当做遵守法纪的模范。”

小姚正要去车站，罗部长严肃而又慈祥地说：“中国古人有句老话，‘勿以恶小而为之，勿以善小而不为!’不买站台票进站，虽然是件小事，但我们不能因为它‘小’就不去注意。我们应该‘防微杜渐’啊!”

听了罗部长的话，小姚去车站补了站台票。同时，“防微杜渐”这四个字也永远地刻在了小姚的心中。

尹伯敏有权不谋私

功莫美于去恶而为善，罪莫大于去善而为恶。

——《新书·修政语上》

尹伯敏是中共山东省嘉祥县委书记。他的弟弟一直在村务农，后来因病早逝，留下一个不满周岁的孩子，由尹伯敏接进城里抚养。

这个孩子叫尹永平。他自幼体弱多病，尹伯敏夫妇总是把省吃俭用节约下来的钱为他多方求医调治和购买补养品。因此熟悉情况的人都说：“尹伯敏对待侄儿比儿子还亲。”

但是尹伯敏对永平的要求也很严格。从小就教育他无论大事小事都要按制度的规定去办。有一次，机关给干部们发电影票。负责发票的那个同志顺手就给了永平一张。尹伯敏知道后，立即让永平退了回去。那个发票的同志说：“这种小事何必那么认真?”尹伯敏却严肃地说：“当领导的背后有千万双眼睛，所以一言一行都要以身作则，模范地遵守党纪国法，不能一走过去就让群众戳脊梁骨。”

尹永平高中毕业后没有考上大学，想让伯父在县城里给安排个正式工作。可永平是农村户口，这怎么行呢？

于是尹伯敏耐心地开导侄儿：“你在县城工作不符合政策，还是回村安心务农吧。把咱家乡建设好，不是也很好吗？”

尹永乎说：“你是县委书记，只要说句话，事情就办成了。”

尹伯敏说：“我说句话给你安排个工作是不难，可我办了这件事别人会怎么说？群众会怎么看？我这个县委书记的权力是人民给的，只能用于民，不能用于私！”

尹伯敏还满怀深情地对侄儿说：“今后你在村里建房、结婚，我都可以给点钱。你在生活上遇到什么困难，只要不违反政策，我都可以帮忙。”

这一席肺腑之言终于打通了侄儿的思想。不久，永平就高高必兴地背着铺盖回农村老家去了。

尹永平回到农村老家后，尹伯敏为了省钱给侄儿建房，从各方面紧缩开支，有一年多的时间连肉也舍不得吃。可是有一次，永平承包的责任田因为缺少柴油不能开动机器，浇水很困难。怎么办？他想让伯父们帮助买点柴油。

尹永平提了个塑料桶进城找到伯父。他不敢直说，但尹伯敏已经猜到了他的来意，就说：“柴油是上级按计划分配的，县城的柴油也很紧，各乡各村都闹着要柴油，你想想，如果我批个条子，哪怕是十斤八斤，还怎么要求别人不办这种事呢？我看，你还是回村多花点力气，用人工浇水吧！”

尹水平提着空桶回村去了，他没有要来柴油，但却受到了一次深刻的教育，心里是很高兴的。

耿根喜严于律己

> 天地之间，物各有主，苟非吾之所有，虽一毫而莫取。
>
> ——苏轼《前赤壁赋》

耿根喜从 32 岁起就进了县级领导班子，一干就是 16 年。如今，他是中共山西省翼城县县委书记。

身为县委书记，他现在还住在县委后院的一间旧平房里。这间平房原来是理发室，也作过库房。屋里的写字桌油漆斑斑，沙发的腿子也是坏的。有人问他：

“你是县里的一把手，难道还不能换一间好点的房子住？”

耿根喜回答说：

“有间房子住就不错了。现在最重要的是要让全县人民都有房子住。”

眼下，有些干部为了自己能升官提级，总想找门子，寻路子，和领导“搞好关系”。可是耿根喜竟然不知道“顶头上司”的家住在哪里，也不知道地委领导的门朝哪儿开。他到地区、省里开会办事，都是在会议室、办公室里谈问题，从来不去领导同志的家里串门子。因此，他曾自嘲说："我这个人是没有天线的电视机。"

但是耿根喜并非完人，他也存在着"白吃、白喝、白吸、白拿"的"四门"问题。

那是 1994 年 9 月，县委领导班子正在召开廉洁自律、自查自纠民主生活会，会议一开始，耿根喜就首先发言：

"自查、自纠就要挖出深层的东西。与其躲躲闪闪，掩掩盖盖，不如有什么问题就讲什么问题来得痛快。"

他接着说：

"我过去下乡出差办事，开始时还交一点吃饭钱，后来基本上都是白吃了。有白吃、白喝、白吸，还有白拿。仅以吸烟为例，我每月吸四条'阿诗玛'，需 300 多元，而我的工资还没这个数。白吸，加上白吃、白喝、白拿，每年下来，不止万元。"

县委书记耿根喜把自己的"短处"亮出来，领导班子的其他成员也打消了思想顾虑，主动检查了自己的"四白"问题。

在耿根喜的带动下，县里各单位的"头头脑脑"，有 22 名县级干部和 198 名科级干部自查自纠了各种问题，涉及 6 个方面 120 多条。这时，翼城县上上下下出现了一片为耿根喜和他的同事叫好的声音。

但是也有人对耿根喜说：

"你什么模范不好当，为什么偏要当这种模范?"

耿根喜说："我这么做不是要当模范，而是按照中央的精神，说真话，讲实情。我们的人民现在还不富裕，地方财政也很困难。如果再这样白吃白喝下去，老百姓是不会答应的。"

为了解决"四白"问题，一个有效的办法就是戒酒戒烟。酒，只要坚持不喝，也就戒了。但是戒烟，简直像受刑。不过耿根喜以顽强的毅力，花了一个月的时间也戒掉了。

接着，耿根喜清退了 1992 年 10 月以来的陪餐费 300 元；又到县医院去查找岳母治病的医药费收据，如数作了补交；他还把妻子动手术住院时，别人在送的奶粉中夹带的1 000 元现金上交了……。

耿根喜敢于自揭"短处"，知错改错，严于律己，获得了领导和群众的好评。一位中央领导同志就说："耿根喜同志敢讲真话，是一位有良心的县委书记。"

大连舰院纪律严明

誉人不增其美，毁人不益其恶。

——《论衡·艺增》

大连舰艇学院是一座培养海军初级指挥官的学校。它以有铁一般的严明纪律闻名于海内外。

舰院的新生入学后，第一课就是学“站”。这“站”要过三关，其中最见功力的第三关是：学员摘下军帽反扣头上，成立正姿势站立4个小时。头上的帽子不许掉下来，至此才算合格。

有一次在盛夏的骄阳下，15名女学员和男学员一起，全副武装地站在操场上。一小时过去了，两小时过去了……突然，学员乔娜举起手来，刚说了个“报”字，还没来得及喊完“报告”，就昏倒在地。她倒下去了，可还是保持着全身立正的姿势。乔娜被教官派人扶到了树荫下，而站在乔娜身旁的张雅静，仍然一动不动，好像什么事情也没有发生过。

当学员二队进驻大连陆军指挥学院，进行步兵战术训练时，学员张晓峰的家就在陆院。他的父亲是刚刚离休的陆军少将，那些天正在生病。于是张将军身边的工作人员打来电话，请晓峰回家看看。晓峰用军人的口吻回答说：

“不行，学校的纪律规定，在训练期间是不允许学员外出和探家的。”

当时，晓峰住的宿舍离他的家很近。从宿舍的窗口就能看到自家的房子。晓峰只是在没人的时候，从窗口望望自己的家，可是整整15天，就是没有进家门。

舰院的纪律是高于生命的。有一年暑假前，学员九队进行舰队政工的毕业考试。考试这天，学员吕华刚刚做了阑尾切除手术，体内还插着导尿管，左臂上挂着液体瓶，连坐起来都很困难。但是为了按照学校纪律参加考试，就要求医院用担架把他抬进考场，在医护人员的精心护理下，他忍着刀口的疼痛，硬是以一个军人的顽强意志通过了考试。

由于大连舰院纪律严明，所以培养出来的学生有极强的毅力和过硬的本领。建校46年来，这所学院为中国海军输送了一大批军事干部。其中，有4名中将，28名少将，还有一个学员当了第三世界某国的海军司令。

杰克逊知错认错

过而不改，是谓过矣。

——《论语·卫灵公》

19世纪初，英国又派出大军跨越3 000里海域，侵略独立不久的美利坚合众国。英军来势汹汹。美军统帅杰克逊根据当时敌强我弱的特点，在新奥尔良地区会战时主动放弃了几个城镇，避开英军主力，打了一些迂回战。这本来是弱军战胜强敌的好办法，但是新奥尔良地区的一家报纸却登出文章，指责杰克逊是“胆小鬼”，说他“临阵怕敌，不敢与英军进行决战。”

因为当时战争正在激烈进行，杰克逊担心继续散布这种言论会搅乱人心，涣散部队的士气，就下令逮捕了这家报纸的编辑，并宣布戒严，不准任何人对军政大事乱发议论。

被逮捕的编辑认为，杰克逊限制公民言论自由，无理监禁不同意见者是违法行为，于是就向联邦法院提出申诉。法院接受了编辑的申诉，决定由多明尼卡法官负责审理这个案件。可是，当多明尼卡发出传票，要杰克逊接受法庭讯问的时候，杰克逊不仅不予理睬，反而把法官多明尼卡也关起来了。

经过艰苦的激战，美军在新奥尔良战役中胜利了。这时，举国同庆，杰克逊取消了戒严令，多明尼卡法官和那位编辑都从监狱里放出来了。

多明尼卡法官出狱后恢复了原职。这时，他办的第一件事就是以“藐视法庭”为理由，传令杰克逊到法庭接受审判。

许多人都觉得多明尼卡法官的做法太过分了，建议杰克逊拒绝到庭。杰克逊没有这么做。尽管他在战后的工作也十分忙碌，但仍然按期出庭受审，还根据多明尼卡法官的判决，交付了一笔数额颇为可观的罚款。

这个消息一经传出，许多人都愤愤不平。他们觉得，一个小小的法官竟然审判指挥美军赢得战争胜利的大英雄，并且还罚了款，真是太不公道了。

可是杰克逊却对大家说：

“我在战争中逮捕不同意见者是违法行为。法院的判决是公正的。你们不必替我打抱不平。”

“可是，您当时那么做，完全是从战争的需要来考虑的啊！”

杰克逊又心平气和地说：

“是的，为了战争的胜利，我使用手中的特权逮捕人是有不得已的苦衷。但这种做法是违犯宪法和有关法律的。在这个问题上，我有错，我认错。我们都要记住，遵守宪法和法律是每个公民应尽的义务，无论在什么情况下，任何人都不能做违反宪法和法律的事。因此，你们不要抱怨法庭对我的审判，你们要从这件事情中吸取教训，永远做一个遵法守纪的人。”

杰克逊知错认错，服从法庭判决的事情使知情人十分感动。后来，它成了美国法律史上的一段佳话，被广泛地传颂着。

列宁带头遵纪守法

> 防微杜渐而禁于未然。
>
> ——《元史·张桢传》

俄国十月革命胜利后，为了防止党和政府的干部由“社会公仆”变为“社会主人”，人民委员会在列宁的主持下通过了《关于高级职员和官员薪金额的决定》，规定人民委员的最高月薪有成年子女者为500卢布；有未成年子女者另增100卢布。要求任何人都必须遵守这个只相当于普通工人收入的待遇标准，否则就要受到法律的制裁。

当时，列宁是全俄人民委员会主席。他不但工作任务繁重，而且经常接待各地来访的干部和群众。应酬多，开支大，所以每月500卢布的工资常常入不敷出。鉴于这种状况，人民委员会秘书哥尔布诺夫指示总务处长布鲁也维奇：从1918年3月1日起，把列宁的工资从每月500卢布提高到800卢布。

列宁知道这件事后大发脾气。他立即写信给布鲁也维奇，指出：“你按照秘书的指示就为我提高了工资，这直接破坏了人民委员会的法令，是公然违法的行为。因此，我已要求办公厅主任给予你严重警告的处分。”

这件事情发生后，列宁又反复教育干部一定要做遵纪守法的表率，绝对不能搞特殊化。在这个问题上，列宁处处以身作则，率先垂范。甚至在他1918年8月遇刺后住进了医院，也要求自己和别的病人一样遵守医院的规章制度。例如，因为医院里医护人员短缺，所以规定一般外科病人都要亲自去医务室换药。列宁知道了这条规定后，在他动完手术刚能下地走动的时候，就自己走到医务室去换了。

医生看见列宁亲自走来，很不安地说：

“列宁同志，您是受特别护理的，护士是会去病房给您换药的，您何必亲自走来呢？”

列宁回答说：

“现在我是个闲人，没有什么事做。而你们的工作很忙。我是完全可以来医务室换的，今后就不要特别护理了。”

在场的医务人员和病人听了列宁说的这些话，都十分感动。

这年冬天，莫斯科的气候特别寒冷。医生们从保健的角度出发，建议给列宁的住处安装电炉。

但是列宁拒绝了医生们的好意。他笑着说：

“我可不能搞特殊啊！在住处安装电炉，这是违反苏维埃政府命令的事情。我看还是不安装为好。”

就这样，列宁带着病和普通群众一起，度过了1918年的严冬。

威尔逊严格按校纪办

> 人人皆受制于法律。
>
> ——比克斯塔夫

威尔逊在普林斯顿大学当校长的时候，明确提出必须加强学校管理，无论是学校的负责人，还是一般的教师和学生，都要严格按照学校的规章制度办事，任何人都不能违犯学校的纪律。他说：“一个学校的良好校风和学风，都是要靠纪律来维持的。”

威尔逊最可贵的品质就是要求别人做到的事，他自己一定会首先做到。

有一次，一位老友来访，说了很多恭维的话。接着就提出：有位先生的孩子报考了普林斯顿大学。这孩子平时学习不错，只是考试时临场发挥不好，所以没有达到学校的录取分数线。他希望威尔逊网开一面，能够直接批准那个孩子入学。

威尔逊听后，斩钉截铁地回答：“考生的成绩没有过分数线不能入学，这是普林斯顿大学的纪律明文规定了的。我作为校长，怎么能够带头违反校纪呢?”

那位老友说：“可是你要知道，那个孩子的父亲是这个地方的实权派，权力很大。如果他的孩子被录取了，以后你求他办事情就容易多了。”

威尔逊回答：“原则是不能做交易的。我不能用牺牲学校纪律的办法来捞取个人的好处，对于我来说，即便是天堂之门的管理者申请入学，如果考分不过线的话，也进不了校门。你讲的那个孩子我是不会批准他入学的。”

那位老友见话不投机，只好悻悻地离去了。

又有一次，一个学生在入学考试时偷看邻座的试卷被发现了。威尔逊知道后指示说：“按照校纪规定，是不能录取这个学生的。”

但是这个学生的母亲已患重病，正在医院治疗。她知道后立即从医院赶到学校向威尔逊求情。

这位母亲边哭边说：“我活在这个世界上，就是盼望儿子能有出息。如果儿子考不上好大学，我也就不活了。所以恳求您千万开恩，让我的儿子上大学吧。”

威尔逊听罢，很动感情地说：“您望子成龙的心情我很理解和同情。但是学校的纪律就是学校的生命。我要是在我的生命、您的生命和学校的生命三者之间作出选择的话，很对不起，我只能选择学校的生命。”

这位母亲再三恳求，威尔逊只是婉言相劝，却没有在原则上后退半步。

这类事情威尔逊办的很多。虽然当时有些人觉得他太不懂人情世故，但广大群众都认为，威尔逊是公正无私的。他以身作则地遵守校纪，从来不因为人情关系而放弃原则。所以他得到广大群众的拥护，后来被选为美国的第 28 届总统。

劝人遵守法纪

QUAN REN ZUN SHOU FA JI

晏婴巧改坏风气

> 道之以政，齐之以刑，民免而无耻；道之以德，齐之以礼，有耻且格。
>
> ——《论语·为政》

春秋时候的齐灵公有个怪僻，喜欢让宫中女子身着男装。只要有个宫中女子穿上男服在他面前走一走，他就高兴得合不上嘴，一遍又一遍地夸奖这女子潇洒、健壮、大方、漂亮。这么一来，他的妃嫔和宫女都一个个地打扮得和男子一模一样。她们觉得这是讨好齐灵公的好办法。

宫中女子作出表率，都城临淄的女子就纷起效仿。到后来齐国的妇女上至70老妪，下至3岁女童都穿起了男装。弄得齐国上下男女不辨，不伦不类，简直不成体统。

对于这种坏风气，朝中大臣议论纷纷，觉得如果不及时制止，传扬出去必然会遭到周边各诸侯国的耻笑。齐灵公也认为，这么发展下去太不像话了。于是立即下令，禁止各地妇女穿男人的服装。

齐灵公的命令发出后，很少有人理睬。各地妇女仍然是穿着男装出入于街头巷尾。

齐灵公发怒了。他制定了一条更严苛的法律，规定今后遇见身着男装的女人，可以当场撕裂她的衣服，割断她的衣带。

齐灵公以为，这么一来大家就会依法办事。可是事实上，街上身着男装的女人并未减少。显然，只靠命令和法律，还制止不住坏风气的蔓延。

这可怎么办呀？齐灵公正愁无计可施．忽见晏婴进宫办事。齐灵公知道晏婴足智多谋，便向他请教改变坏风气的办法。

齐灵公说：

“近来国内女子崇尚女扮男装，我几次下令禁止，还采取了法律措施，可是收效甚微。不知这是什么原因？”

晏婴回答说：

“这原因十分简单。您想，您下令禁止宫外女子穿男服，却鼓励和纵容宫中女子打扮成男人模样。您在宫中提倡女扮男装，宫外当然会起而效法。您自己不以身作则，怎么能让别人服从您的命令呢？假如您真正有决心改变女扮男装的坏风气，就应该首先严禁宫内女子穿男服。只要宫内改变了坏风气，也就容易在全国推行禁令了。”

齐灵公听了晏婴的话猛然醒悟。他很高兴地对晏婴说：

“对，对，你的话很有道理。我一定接受你的建议。”

当天，齐灵公就下令：从今以后，宫内女子，无论是妃嫔还是宫女，一律不准再穿男装。如果有人违犯，一定从重惩办。

此令一出，宫内女子再也无人敢穿男装。不到一个月，齐国各地的妇女也没有人再穿男装了。

苏章劝友坦白自首

> 大匠诲人必以规矩，学者亦必以规矩。
>
> ——《孟子·告子上》

东汉顺帝年间，朝中名臣苏章因为政绩显著，被派到冀州（今河北一带）担任刺史。他童年时代的好友贾明是在清河郡（今山东省临清县东面）当太守，正好归他管辖。

苏章到任不久，清河郡就有人前来控告太守贾明贪赃枉法，欺压百姓。苏章接到状纸后半信半疑，因为在他的印象里，贾明和自己一样，从小就立下了长大后要报国安民的志向。那时候，他们俩形影不离，一起读书写字，一起练功习武，后来又一起出来做官。虽然做官以后你东我西，很少联系。但是，贾明难道能够忘掉童年立下的志向吗？他真是不敢相信。

不过因为案情严重，苏章还是决定派官员前去清河查实。结果，证明状纸上所说的件件属实。这时，苏章十分痛惜地说：“贾明，贾明，你可真糊涂啊！”

朋友犯了国法，该怎么处理呢？

苏章打算亲自去劝贾明坦白自首。

第二天，苏章带着衙役去了清河。刚刚住下，就在下榻的官邸设私宴招待贾明。酒席上，苏章对贾明非常热情，又是劝酒，又是添菜，两人兴致勃勃地谈论着童年时代的乐趣和友情。酒足饭饱之后，贾明乘着兴头对苏章说：

"现在做官的手脚都不怎么干净。你现在是我的顶头上司，如果发现我有什么过错的话，请一定包涵点。"

苏章这时很严肃地对贾明说：

"我们今天是朋友聚会，是私事。明天我就要作为冀州刺史来清查你的问题，那是公事。公事就得公办。听说，这些年你贪赃枉法，聚了许多不义之财。如果你想争取宽大处理，还是趁早主动坦白自首为好。"

"难道你就不讲朋友的情分了吗?"贾明嗫嚅地说。

苏章很果断地回答：

"你要知道，我是皇上派来专门惩治贪官污吏的。如果袒护了你，那我以后怎么去处理别人呢？虽然这贪污腐败的现象现在处处都是，但如果听任这种现象存在下去，发展下去，那就会民生凋敝，民怨沸腾，国家也不能强盛和安定。况且，你这么做也是违背了咱们童年立下的志向啊！因此，你还是应当坦白自首。这是我的忠告。你要知道，我苏章向来是依法办事的，绝不会为了庇护朋友去破坏国家的法制。你还是回去好好想一想吧!"

听了苏章的一席话，贾明低头沉思了一会儿。他再也无心喝酒，便急匆匆地告辞了。

第二天天刚亮，贾明又来到刺史官邸，主动向苏章呈交了坦白书，全部退出了赃款赃物。苏章核实了贾明的罪证，如实上报朝廷，依法处罚了贾明。

苏章劝友坦白自首，办案不徇私情的事很快就在冀州一带传开了。大家都说，苏章是个清正廉明的好官。

顾恺之设计烧债券

正直者顺道而行，顺理而言，公平无私，不为安肆志，不为危易行。

——韩婴

顾恺之是南北朝时宋国吴郡太守，由于他政治清简，风节严峻，故素为人们所敬重。

一天，他的一位朋友来看望他，说："我有一言，不知当讲不当讲?"

顾恺之笑了笑，说："有话请讲，不必顾虑。"

那位朋友犹豫了一会儿，说："是关于你公子的坏话。"

顾恺之严肃地说："那更应该讲。若隐瞒于我，那倒是害了我呀！"

那朋友见顾恺之并无反感，而且诚心诚意，就说："你的儿子顾绰，这些年来，不择手段地搜集了许多钱财。而且，还在外放债，收取高利也不择手段。如不加管束，怕是会越演越烈啊！"

顾恺之听了，大吃一惊。连连向友人道谢说："谢谢你告知我此事，不然，我仍被蒙在鼓里，岂不害人害己啊！"

送走了友人，顾恺之叫来了儿子顾绰。

顾绰可能也有所预感，见了顾恺之，哆嗦着问："父亲唤我有何吩咐？"

顾恺之十分生气地问："听说，你有许多钱？"

顾绰只得点点头，答："是。"

"钱是怎么来的？"顾恺之接着问。

顾绰想了想，慢慢说："做生意赚了些钱，又将钱放债出去……"

顾恺之一跺脚，骂道："逆子！谁让你去谋财放债！你赶紧悬崖勒马。不然，我饶不了你！"

顾绰连忙答应说："是，是，我一定遵照父亲的话办。"

此后，顾绰虽表面上收敛了一些，但实际上仍在放债，只是做得更隐蔽了。

俗话说，要想人不知，除非己莫为。

顾绰年复一年，变本加厉，债放的越来越多，致使远近乡里许多人都欠了他的债。

顾绰在外放债的事，终于还是不断传到顾恺之的耳朵里。顾恺之想了想。一天，他把身边的侍从叫来，叮嘱一番，设下了一计。

他坐在堂上，命侍从说："叫顾绰前来。"

顾绰听说父亲叫他，心想准没好事，不是教训，就是追查放债之事。

硬着头皮，顾绰来到父亲跟前，施礼后，问道："父亲唤儿有何吩咐？"

顾恺之和颜悦色，指指旁边的椅子，说："我儿坐下。"

顾绰见父亲这样待他，一颗悬着的心落地了。坐下后，等着父亲再问。

顾恺之望了望儿子，脸上装出为难的样子，说："听说我儿有些债券。眼下为父有急用钱财之处，不知我儿可否给我用一些？"

顾绰一听，心里立时高兴起来，忙对父亲说："父亲如要用钱，当然可以。"

顾恺之停了停，问："但不知我儿有多少债券？"

顾绰忙不迭地夸耀说："可不少呢！"

“很多”，顾恺之故作惊讶地再问。

“可不是吗！”顾绰趾高气扬地肯定地说。

“为父可以看一看吗？”

“父亲不相信？”

“拿来我看，就信了。”

“好，您等我去取来。”

不一会儿，顾绰搬来一只箱子，放在大堂中央。

顾恺之不慌不忙说：“打开。”

“是。”

顾绰打开锁，掀开箱盖，箱子里果然装满了债券。

顾恺之走到箱子跟前，说：“好，好，待为父看来。”

他仔细看了看，没有假。直起腰来，突然大声呼唤道：“侍从过来！”

几个侍从跑了过来。

顾绰还没明白父亲什么意思，那几个侍从抬起箱子就走。

“你们干什么？”顾绰着急地问。

顾恺之制止儿子说：“不要急，你稍等，就会知道他们干什么。”

侍从将一箱子债券抬到院子中，点起了一堆火，然后忽地一下，将全部债券投入火中。

顾绰一看，哭着冲上去，喊：“不能烧，不能烧！”但是，早已来不及了，呼啦啦的火苗，很快烧光了那些沾满了无数人家血泪的债券。

顾恺之哈哈大笑，说：“顾绰，不用哭。你已经陷得很深了。烧了这些债券，从此可以清清白白做人了。”

转过身来，顾恺之又对侍从说：“传言乡里，有借顾绰债的，一笔勾销，不用还了！”

远近乡里，那些借债的、没借债的，听到这个消息，无不赞扬顾恺之严于律己、严于教子、清廉公正的品格。

郭躬依法劝皇帝

> 智术之士，必远见而明察，不明察不能烛私；能法之士，必强毅而劲直，不劲直不能矫奸。
>
> ——《韩非子·孤愤》

郭躬是东汉时期的大学者。他精通法律，皇帝遇到一些很难决断的疑难案件，也常常征询他的意见。

有一次，在京都洛阳附近的一个小县里，兄弟二人合伙杀了人。按照法律，主犯应判死刑，从犯可以从轻发落。但兄弟二人中究竟哪个是主犯？哪个是从犯？县官、州官都审不清，只好把案子奏报皇帝裁定。

皇帝看了奏本，想了一想，就笑着说："这个案子很容易判。因为弟弟犯罪，也是由于哥哥管教不严造成的。哥哥当然是主犯，就把哥哥处以死刑吧。"说罢，就让宦官孙余向满朝文武大臣传达旨意。

这孙余是刚刚担任传旨工作的。当时，他的心情有些紧张，也没有完全听懂皇帝讲话的意思，不知怎么搞的，就鬼使神差地传旨说：

"兄弟二人都处以死刑。"

孙余的话音刚落，有个人臣就出班启奏：

"孙余胆大妄为，假传圣旨，应该按律处斩。"

孙余真的该杀吗？皇帝拿不定主意，就征求郭躬的意见。

郭躬回答说："法律明文规定，犯罪有故意和过失的区别。故意犯罪从重判刑，过失犯罪是应该从轻的。现在孙余传达错了您的旨意，显然只是个过失，所以按照法律处些罚金就可以了。"

皇帝说："你说的是有道理。不过孙余和那兄弟俩是同一个县里的老乡，会不会是他们之间有旧怨，现在要乘机报复呢？"

郭躬很严肃地回答："您是一国之主，治理国家可不敢凭自己的主观想象节外生枝，也千万不能凭自己一时的喜怒改变法律。做国君的要光明正大，也不要轻易怀疑别人在要诡计。这样才能建立互信，做到依法治天下。"

皇帝觉得郭躬讲得很有道理，因此，就按过失犯罪处理了孙余错传旨意的事件。

魏征直谏劝太宗

立法非难，守法为难；听谏非难，乐谏为难。

——张廷玉

唐朝宰相魏征，辅佐唐太宗李世民 17 年，对于成就唐初"贞观之治"作出了积极贡献，成为历史上直言善谏，励精图治，居安思危，节俭爱民的一代贤相。

李世民也不是生来就会当皇上，一开始，他也不知道自己是不是能很好地治理国家。他想，我应该找一些好帮手，让他们来辅助我。魏征本来是农民起义军的一个头头，李世民发现魏征很有才能，于是，便任命他担任了谏议大夫。可是，魏征这个人脾气很犟，看到做得不对的事就会不顾性命地仗义执言，绝不像其他大臣那样看风使舵，阿谀奉承，照皇上的眼色行事。李世民手下有个宰相叫封德彝，这个人昏庸无能却好出馊主意。当时刚刚建立的国家兵源不足，急需大批的青壮年男人去当兵。由于长年战乱，许多青壮年男人都死在战争中，连农村的土地都大片地荒废，很难马上去召集这么多人。于是封德彝便向皇上建议说："陛下，如果把征兵的年龄降低几岁，那么就会有许多人被征召，这样不就解决了兵源不足的问题吗？"李世民听了这个建议，心里也知道这样会削弱农村的劳动力，但眼下缺少兵源怎么解决呢？不如就按封德彝的建议办吧！

魏征听说了这件事，他觉得封德彝的建议表面上看是为国家着想，可实际上会大大损害国家的实力，这是一种鼠目寸光的愚蠢做法。按照传统的看法，16 岁到 18 岁的男子只是"中男"，这个年龄的青年尚处在发育阶段，身高和体力都还欠缺，只有到了 18 岁才成为"壮丁"。魏征认为，李世民的扩大征兵法令，不仅会引起民众的反感，失去民心，而且会损坏国家的长远利益，因此便毫不妥协地据理力争，这样一连顶了几次。

封德彝一看没办法，就把魏征抵制扩大征兵的事告到李世民那里，李世民心里很不高兴，又一连几次下令，却都被魏征顶住。最后，李世民非常恼火，把魏征找去当面训斥。魏征并没有因为皇上发火而退缩，而是平静又自信地对李世民说："陛下，您的做法好比把湖水抽干来打鱼，又好比把森林烧光来捕获野兽，虽说暂时可以多捕到一些鱼和野兽，可是明年就再也没有鱼可抓，也没有野兽可捕了。"魏征又进一步对李世民劝谏说："用兵关键在于得法，兵不在多而在精。您不久前曾宣布过，要以诚信治理天下，使官吏和百姓都不欺诈，都能言而有信。现在可好，您刚即位不久，就有好几件事失信于民了，这还怎么取信于天下呢？"听魏征这么一说，李世民更下不了台了。本来他想责问训斥魏征一顿，没想到却反过来被魏征数落了一番，不仅说自己改变规定，扩大征兵范围做得不对，而且还说"有好几件事失信于民"。于是李世民阴沉着脸气呼呼地追问道："你有什么理由说我失信于民？"魏征不急不慢地说："您刚即位的时候曾下过诏书，明文规定凡是过去拖欠国家的赋税一律免除，可是下层官吏根本没有执行这个规定，仍然催要过去的拖欠。您还下令说，已经服役、交纳租税的，从明年起开始免除，可是现在不但不能免除，还要扩大征兵范围。这些事怎么能说是以诚信治天下呢？"

魏征与李世民争辩，其他的文武大臣都为他捏着一把汗，尤其是看到李世民怒气冲冲地斥责魏征，而魏征还毫不退让，许多大臣都低下了头，他们真怕李世民一气之下，严惩魏征。好在李世民是个明白人，最后他终于同意停止扩大征兵，而且赞扬魏征说："用铜镜可以整理衣帽；以古事为镜，可以了解历史兴衰；以他人为镜，可以明白自己的得失；魏征就是我的镜子啊！"

廉正与刚直是相辅相成的，只有刚直不阿，敢于仗义执言才是名副其实的廉正。

杨氏训夫捍城

> 守信用胜过有名气。
>
> ——罗斯福

唐代德宗建中四年，淮西节度使李希烈反叛，先攻陷汴州（今河南省开封市），接着聚兵东进，准备袭击陈地（今河南省东南部）。当李希烈的军队沿途烧杀奸淫，快逼近通向陈地的一个县城——项城（今河南省项城县）时，项城县令李侃吓破了胆，不但不整兵御敌，反而收拾金银细软，准备舍城弃民，偷偷溜走。

县令要潜逃的消息，后来被人知道传开了，项城的百姓更是惊恐，城内城外一片混乱。

就在人心惶惶的时候，有一个深明大义的妇女站了出来，她就是县令李侃的妻子杨氏。杨氏异常愤慨地责问李侃道："大敌当前，你身为县令，理应保城杀贼，怎么可以不顾百姓的死活，私自逃生呢？你真愿作不忠不义的人而永遭后世唾骂么？"李侃竟为自己的丑行强辩："夫人，你只知其一不知其二呀！如今贼势猖獗，汴州尚且不保，何况我们这个小小的项城？三十六计，走为上策，我们还是避一避锋芒，以后再回来收拾残局吧！"杨氏闻言，勃然大怒，骂道："一个堂堂七尺男子汉，朝廷的命官，竟讲出这样的话来，我真替你害臊！好吧，你立意要溜，那就把官印交出来！我虽然是一女流，不能上马杀贼，但我决意与城共存亡，以身报国！"李侃被夫人的浩然正气所感动，他迟疑了一阵，红着脸说："夫人真是巾帼英雄，下官远远不及，实惭愧之至。"说完就对天发誓，愿与杨氏一道卫城杀敌。

于是，李侃立即颁发文告，呼吁全县军民储粮备械，筑垒挖沟，万众一心，共御强寇。杨氏每日亲到前哨阵地，激励将士道："项城的一山一水、一草一木都是我们祖祖辈辈千辛万苦开创出来的；我们祖先的坟墓，我们的房舍田地都在这里，真可谓生于斯、长于斯，能让贼子来践踏吗？”人们齐声说：“决不能！”杨氏大声说道：“现在贼人已迫近项城，你们说怎么办？”人们慷慨说道：“奋勇杀贼，尽力死守，寸步不让！”杨氏接着宣布：“凡是能用石头瓦块打击敌人的，赏钱一千，能用刀箭杀敌，赏钱一万。”

在杨氏的忠言感召下，项城军民个个摩拳擦掌、斗志昂扬。

不久，李希烈的乱兵来到了。杨氏亲自登上城楼，擂鼓助战。有一次，李侃被敌人的箭射伤，退回来养伤，杨氏不允，催他上阵。杨氏说：“在这生死存亡之际，你身为县令怎能离开战场？就是死也要死在战场上，不能死在床上。”李侃听了大为感动，重跨战马，忍着伤痛带兵冲出城去，与强敌血战。鏖战数日，项城仍坚如磐石，而李希烈的乱兵却死伤甚众，尸横遍野。李希烈只好退走，项城得到保全。

段秀实劝郭唏整顿军纪

> 善不可失，恶不可长。
>
> ——《左传·隐公六年》

安史之乱以后，中兴功臣郭子仪名震朝野，他的儿子郭唏也当了兵部尚书。他们父子统领的军队号称“郭家军”。

郭家军多年驰骋疆场，很能打仗。但平时管束不严，纪律松弛。有一次屯兵邠州时，将士们竟然在大白天进商店强拿东西，看见不顺眼的人动手就打，甚至连孕妇也打伤了。当地的地痞流氓觉得郭家军是个靠山，就纷纷找关系、托门子，在军营里占个空名，穿上军装在邠州城里为非作歹。

面对郭家军的横行不法行为，邠州节度使白孝德虽然心里不满意，但他害怕得罪了郭家父子，所以不敢去管。泾州刺史段秀实有一次来邠州开会，看见这种状况十分焦急。他跑去问白孝德：

“您受朝廷委派治理邠州，现在这里乱成这个样子，您怎么不管呀！”

白孝德说：“郭家军的名气很大，我敢管吗？”

段秀实说：“您如果委派我在邠州管理治安，我就有办法制服那些郭家军里的不法分子。”

白孝德说：“这还不好办吗？我现在就任命你为邠州的都虞侯，专管治安。”

段秀实上任后，立即贴出告示整顿治安秩序，宣布若有横行不法之事，无论是谁都要从严惩处，轻则鞭笞，重则斩首。

告示刚刚贴出，就有十几个郭家军的兵丁在酒店里喝酒闹事。他们用刀刺死店主，还砸碎了酒瓮，酒流得满街都是。段秀实闻讯，立即派出执法队，将闹事之徒全部抓起来就地正法。当地百姓看见这伙祸害地方的家伙受到惩处，都十分高兴。

可是这消息一传进郭家军的营房，兵士们就大吵大嚷起来。他们要求主帅郭晞下达命令，去和邠州节度使属下的人大干一场，取下段秀实的脑袋。

这下子可把邠州节度使白孝德吓坏了。他向段秀实说："你闯了这么大的祸，可咋办呀？"

段秀实说："你不要害怕，我亲自去和他们讲道理！"

白孝德要派一队兵丁随同前往。段秀实坚决不带一兵一卒。他解下了自己身上的佩刀，骑一匹老马，就去了郭家军的营房。

郭家军的兵丁全身披挂，已经整装待发。段秀实看见这个阵势，赶忙迎上去，一面笑着打招呼，一面若无其事地说："你们要杀一个手无寸铁的老汉，还用得着这么大动干戈吗？我今天已经把自己的头带来了，等见过郭尚书，就由你们处置我吧！"

经过允许，段秀实进了营门。他一见到郭晞，就开门见山地说："你父亲郭子仪老令公是中兴功臣，大家都很敬重他。你应该珍惜这个荣誉。现在你却纵容部下在邠州横行不法，万一激起民变，朝廷就会怪罪下来。到那时，郭家的名声也就全毁了。"

郭晞听了这话猛然醒悟。于是他怀着感激的心情对段秀实说："您指教得很对。我一定听从您的劝告，严惩那些行凶作恶的人，把部队的纪律整顿好。"

郭晞一边说，一边告诉侍卫："快去传达我的命令，全军将士一律回营房休息。今后谁再上街胡闹，一定严办不饶。"

从此以后，郭家军军纪肃然。邠州地方的社会秩序也安定下来了。

解缙题诗劝成祖

立法非难，守法为难；听谏非难，乐谏为难。

——张廷玉

朱元璋的第四个儿子朱棣被封为燕王，镇守北平（今北京），以后起兵发难，夺了帝位，即明成祖（1403年—1425年在位）。

明成祖想到确立太子的事必须尽快办好。他有三个儿子，按理应该是长子高炽继承皇位。可是老二高煦居功自负，很想夺取太子的地位，明成祖也认为高煦像自己，有心偏袒他。

兵部尚书金忠却不赞成废嫡立庶，经常在成祖面前劝说应该确定嫡长子的地位。金忠在担任兵部尚书前是随军占卜的，成祖非常相信他。到底确立谁为太子呢？明成祖犹豫不决起来。

金忠就和大臣解缙（1369 年—1415 年）等人商量如何调解，凑巧成祖就立太子的事向解缙征询意见，解缙趁机说道："皇长子忠孝仁义，在天下百姓中有着很高的威望，立他为太子上合天意，下合民心，是顺理成章的事，陛下不可再三心二意的了。"

成祖只是认真地听着，并不表示态度。

解缙突然想起一件事：皇长子 10 年前得子，他的妻子张氏分娩前，成祖在梦中见到太祖赠给他一个大印，上面刻有"传之子孙永世其昌"八个大字，因此成祖十分喜爱这个长孙。现在长孙已经 10 岁了，长得活泼可爱，聪明绝顶，很讨成祖的欢心。如果现在趁机提起这个长孙，成祖一定在确立太子的问题上倾向于皇长子。于是又向成祖进言道：如果把皇长子撇下一边不提，陛下也应该为长孙的前途着想啊！这个孩子，谁看见了谁都喜欢的。"

明成祖听解缙说到长孙的事，果然十分喜悦，有了几分松动。过了几天，成祖拿出一幅虎彪图，要大臣们题诗作词，借此听听在立太子一事上的意见。

解缙凝视着面前的这幅画，只见一只雄虎身边依偎着几只幼虎，神态亲昵可爱。他立即想到何不趁机作诗讽谏一番呢？于是挥笔写道：

虎为百兽尊，
谁敢触其怒？
唯有父子情，
一步一回顾。

成祖看完诗，暗暗佩服解缙的含蓄和忠诚。其他大臣也都主张立嫡长子。成祖这才定下决心，当即宣布立嫡长子高炽为皇太子。

皮定均劝连长认错

> 非其道，则一箪食不可受于人。如其道，则舜受尧之天下，不以为泰。
>
> ——《孟子·滕文公下》

为了苦练杀敌本领，红军规定全体官兵都要加紧进行军事训练，连早晨的时间也必须充分利用起来.

这一天，红军团长皮定均起床后到四连察看，只见全连同志都在出操，唯独不见连长。

“这是怎么回事呢?”皮定均问这个连的指导员。

“他这是偶然一次没有出操，也许是生病了吧?”站在旁边的指导员赶忙回答。

“如果他有病，就应该请假；如果他没病，就应该带头出操，严格遵守军中规定的制度。要知道操场就是战场，战士在打仗，连长不上火线，能把敌人打垮吗?”

皮定均接着又严肃地指出：“连长有一次不出操，看起来是件小事，但小事不注意就会变成大问题。所以事情无论大小，只要是违反纪律、违反制度的事，不管是谁，都应当毫不留情地当面批评指出。”

吃过早饭后，皮定均又来到了四连。他找到连长，很和蔼地问：“你是不是有病呀？有病就要找医生去看病嘛!”

“我能吃能睡，壮得像头牛。今天早上吃了两碗米饭，还喝了一碗粥呢。”连长回答说。

“没有病就好了。今天早晨你们连有多少人出操呀?”皮定均知道连长没有生病，立刻把话题一转。

“早上我没有出操。”连长答不出人数。

“不出操干什么去啦？一连之长不出操行吗?”

“……没有听到吹起床号。”连长讷讷地说。

“连队出操，你还躺在床上睡觉。很多情况只能听排长汇报。一连之长不掌握第一手情况，光听汇报，能带好队伍？……”

皮定均耐心地给四连长讲了很多道理，最后劝导他说：“我们现在执行的各种制度和纪律，都是无数先烈和革命前辈用鲜血写下来的，是克敌制胜的法宝。每一个革命军人，不管是干部还是战士，都应该很好地遵守。尤其是当干部的，更应该严格遵守纪律和制度，给战士作出好的榜样。”

最后，皮定均对四连长说：“今天的问题你好好思考一下，过几天讲评时你要做个自我批评。”

连长听了皮定均的劝告，认识到干部遵守纪律和制度的重要性。从此他在军事训练中，事事带头，要求战士做到的，他首先做到。后来，又在全团的讲评会上，认真地检讨了自己的错误。

桑地诺大义谏严亲

> 善不积，不足以成名。恶不积，不足以灭身。小人以小善为无益而弗为也，以小恶为无伤而弗去也，故恶积而不可掩，罪大而不可解。
>
> ——《易·系辞下》

20世纪初叶，尼加拉瓜总统赛拉雅执政后制定了维护国家独立的宪法，采取具体措施发展民族经济。这使一向把尼加拉瓜视为自己“后院”的美国政府极度不满，于是施加压力，逼迫赛拉雅辞职，非法扶植自己的傀儡上台，并于1911年派兵入侵，直接地践踏了尼加拉瓜的民主与法制。

面对美国政府导演下的这起严重违宪事件，奥占斯托·桑地诺组织了一支游击队进行武装反抗。不久，前副总统以维护宪法作号召，组织了护宪军。桑地诺率部归属。后来拨归蒙卡达将军指挥。

这蒙卡达是个权势欲很重的野心家。当美国许诺可以由他接任傀儡总统后，他竟然把维护宪法的责任置之脑后，作出了同意放下武器，接受美国干涉的决定。桑地诺此时怒不可遏，便毅然与蒙卡达分道扬镳，率领志愿追随他的人撤进山区，继续为维护宪法和国家主权进行斗争。

这时，蒙卡达把桑地诺的父亲找来，命令他去招降自己的儿子。

桑地诺和他父亲的会见是在高山上的一块空地中间进行的。他俩坐在相隔5米的两块石头上，四周站满了桑地诺的追随者，他们是来旁听桑地诺父子谈话的。

桑地诺首先说：“父亲，您好！因为我们今天进行的不单是一次父子时的私人谈话，所以我让部下都来旁听，你有什么话，就开始说吧。”

父亲说：“我是蒙卡达将军派来的，还带着他写的一封信。他劝你们停止这一场无效的战斗。”

桑地诺回答：“我们这些人拿起武器进行斗争，是为了维护国家的主权和宪法的尊严。在没有把美国的势力赶出尼加拉瓜之前，在没有真正恢复我们国家的宪法之前，我们是不会停止斗争的。”

父亲说：“宪法实际上是由美国人废除的。你们稀稀拉拉的几百个人，怎么能和强大的美国对抗呢？还是赶快放下武器吧，这样，也可以保证你和你部下的生命安全。”

桑地诺斩钉截铁地回答：“我们为护宪而战，为捍卫国家的主权而战，这是正义的，是会得到人民支持的。有了人民的支持，力量就会很大。况且，如果我们为正义事业牺牲了生命，也是虽死犹生的。”

父亲觉得桑地诺说的很对，再也找不出话来劝说儿子投降了。这时，他陷入了默默的沉思。

只听桑地诺又说：“我不希望您再做蒙卡达的说客。如果您愿意参加我们的游击队，我们会热忱欢迎。”

父亲听了这话，心里觉得十分温暖。只是因为妻子和家里的其他人还都在蒙卡达的掌握之中，所以他不得不回去复命。这样，桑地诺就给蒙卡达写了一封拒绝放下武器的亲笔信，交给父亲带下山去了。

父亲回去后，逢人便说：“我儿子才是一个真正的英雄。”

为遵纪护法喋血

WEI ZUN JI HU FA DIE XUE

李离失职自刎颈

志士仁人，无求生以害仁，有杀身以成仁。

——《论语·卫灵公》

春秋时代，李离担任晋国的最高司法官。他精明干练，做事认真，很有办案经验，对于疑难案件常常能够准确无误地决断清楚。因此，晋文公十分器重他。

李离知道，司法人员手中掌握着生杀大权，审案时稍有疏漏就会铸成大错。为了使各级司法人员都能忠于职守，他立下规矩：无论是谁办案，都要取足人证、物证，仔细调查审问，不可马虎。如果把案子判错了，司法人员就要视情节轻重量刑受罚。尤其是错判别人死刑的，司法官本人也要被处死。后来，他还把这条规矩载入刑书。

李离经手办的案子很多，都没有出过差错。可是有一次在复审一件疑难案件时，因为情节过分复杂，担任初审的下属官员又作了误导，致使他把一个罪不当诛的人判了死刑。当李离发现这个错漏的时候，那个犯人已经被杀掉了。

李离为此难过得吃不下饭，睡不稳觉。仅有两三天的时间就如同大病一场。有人劝他说：

“你秉公执法、认真办案是有目共睹的事实，偶然错杀了一个人，也算不了什么大事。以后注意一点就行了。”

李离回答说：

“你这话可说错了。我是晋国的最高司法官，理当以身作则地维护法律的尊严。现在已经把错杀人者偿命的规矩载入刑书，就应该判我的死刑。”

第二天，李离亲自到那个被错杀的人家里承认错误，还用自己的积蓄付给了很多恤金。这些事办妥以后，他回到官衙，为自己写了一份死刑判决书，接着就穿上囚衣进入死牢，准备以死偿命。

晋文公闻讯吃了一惊。他赶忙派人把李离从死牢里接出来，问明情由后就好言劝慰说：

“你的心情我完全理解。不过这次错判是因为下属官员审案不细，发生误导造成的，不能完全归罪于你。现在你脱下囚衣上班去吧，还有许多大事等着你去办呢！”

李离听出来这是晋文公要为他开脱罪责，就果断地摇头说：

“这次错杀是我最后拍的板。这是我的失职，绝不能把责任推在下属身上。”

晋文公看见李离的倔强劲儿是很难用语言劝说过来的，也就顺水推舟地说：

“好吧，就算你犯了死罪，但我现在宣布赦免你。这总可以了吧？”

在场的大臣也都劝李离不要太固执，还是叩头谢恩的好。

岂知李离不顾大家的劝阻，大声地说：

“我错杀了人，论律当死。在法律面前是不能有例外的。”

说完，李离乘人不备，一下子从旁边侍卫的身上抽出宝剑，“唰”的一声，自刎而死。

李离失职自刎的消息在晋国朝野引起很大震动。晋文公要求大家都把李离当做一面镜子，来鞭策监督自己更好地遵守法律。

石奢以身殉法

> 必须提高纪律性，坚决执行命令。执行政策，执行三大纪律八项注意，军民一致，军政一致，官兵一致，全军一致，不允许任何破坏纪律的现象存在。
>
> ——毛泽东

春秋时期，楚国大臣石奢奉命巡视全国。临行前，楚昭王对他说：

“你已经很久没有回家乡看一看了，这次可以顺路回去住几天。”

石奢听了十分高兴。说实话，家乡的一山一水他都感到非常亲切；尤其是年过花甲的父母双亲，更使他日夜挂念。只是他在朝中公务繁忙，加之家乡位于偏僻的山野之地，路途遥远，交通不便，回一次家很不容易。这一次楚昭王主动提出让他回家探亲，心里是很感激的。

巡视工作完毕后，石奢让随从人员先回都城，自己独自一人走上了回乡的小路。眼看已经走到村边，忽听远处树林里传来两人斗嘴和呼救的声音。这是谁在打架？他急匆匆地向呼救处奔去。离打架的人只有十几步远了，他看见有个人正在举刀向另一个人砍去。

“啊呀！不好，有人在行凶哪！”

说时迟，那时快，石奢一个箭步奔过去，紧紧地抓住了杀人的凶犯。可就在这时，他惊呆了。原来这凶犯竟然是自己的父亲。

石奢抓着父亲的领口，很气愤地说：“你怎么能随便杀人？这可是犯死罪的事呀！”

父亲惊恐地望着石奢，哀求他说：“这事只要你不管，就不会有人知道。如果你是我的儿子，就放我走吧！”

石奢的内心十分矛盾，也很痛苦。在不知不觉中，他的手渐渐地松开了。于是父亲乘机奔逃而去。

这时，石奢再也没有进村探望父母的兴致了。他日夜兼程地返回都城，立即把在路上遇见父亲杀人和自己放纵父亲逃走的事情报告了秦昭王。他说：

“杀人凶犯是我的父亲，如果我把他抓住并且判了死刑，是违背孝道的，所以我不忍心这么做；但是把父亲放了，我就犯了放纵杀人凶犯的大罪。我作为大臣知法犯法，是应当判处死刑的。请求大王把我处死吧！”

楚昭王是很爱才的。他觉得石奢年轻有为，廉洁公正，办事井井有条，实在是国家的栋梁之才。现在突然出了这么一件事，如果按照法律把石奢处死，真是可惜得很。怎么办呢？他想了好一阵，便开口说：

“在这件事情上，你并没有责任，因为并不是你故意放走了杀人凶犯，而是你父亲趁机自己挣脱逃走的。我看不要再追究这件事了，你就继续安心料理政事吧。”

只见石奢又说：“对于大王的恩典，我是很感激的。但是对我来讲，不偏袒自己的父亲，就不是孝子；不按国家的法律办事，就不是忠臣。我做了孝子，却违背了国法。因此，即使大王赦免了我，我当臣子的，也有责任维护国家法律的尊严。”

石奢说完，就向楚昭王拜谢告辞。可是他一走出宫门，就拔剑刎颈而死。楚昭王和众官员看了，惊叹不已，都为楚国损失了这样一位奉公守法的优秀人才而感到惋惜。

祖逖守法尽忠

> 若有人兮天一方，忠为衣兮信为裳。
>
> ——卢照龄

晋武帝司马炎泰始二年，祖逖生于范阳郡遒县。古代燕赵多慷慨悲歌之士，官宦家庭出身的祖逖，从小性格豪放，表里如一，说到做到，喜欢结交朋友，不受世俗礼法束缚。

祖逖年轻的时候，就怀有雄心壮志，喜欢和英雄好汉谈论天下大事。他们激情满怀，互相鼓励，表示将来一定要为国家干一番大事业。

晋武帝太康十年，24 岁的祖逖和好友刘琨一起在司州做主簿。

有一天夜里，他们同睡在一张床上。半夜里鸡叫头遍时，祖逖就叫醒刘琨说："你听听，这鸡叫的声音多么激越，那是在催促我们起来，叫我们发愤图强啊！"他们俩兴奋得再也睡不着，就披衣起床，拔剑起舞，觉得浑身有用不完的力量。从此，只要鸡叫头遍，他们就拔剑起舞，练习武艺，准备为国出力。

在匈奴贵族刘渊攻下洛阳的时候，祖逖也和别人一样，带着家属、亲戚、朋友几百家，离开北方南下，到了江南。一路上，祖逖将自己的车马让给年老体弱的人乘坐，把粮食、衣服、药物拿出来和大家分享。

时任镇东大将军的司马睿见祖逖是个人才，派他做了军咨祭酒。这种官职只能提提建议，没有军事实权。祖逖为了收复中原，召集了许多勇敢而有胆识的壮士，练习武艺，学习兵法。

晋汉帝建兴元年，祖逖向司马睿建议说："北方大乱，是由于皇族内部争权夺利，互相残杀，这才使得胡人得以乘机兴兵，扰乱中原，给中原人民带来了深重的苦难。如今北方人民都在反抗胡人，假如大将军能下令出兵，派我北伐，定能得到天下人的响应。收复中原，国家的耻辱也就能够洗雪了。"

当时，司马睿正忙着巩固江南地盘，只求维持现状，并不打算出师北伐，收复中原。可是，统治集团中也有一些人不甘心忍受国家残破的局面，立志要驱走敌人，收复失地，祖逖就是其中的一个。司马睿虽然没有北伐的决心，但是祖逖这番义正词严的要求，是没有理由拒绝的。何况为了巩固政权，争取人心，打出北伐的旗号也是好的。于是，他任命祖逖为奋威将军，兼任豫州牧，给了他1 000人的给养和3 000匹布，让他自己去招兵买马，制造武器，准备北伐。

条件虽然这样差，可祖逖并没有灰心，他非常珍视这个机会。他带领亲信部属 100 多人渡过长江，向北进发。

那天，人们听说祖逖渡江北伐，纷纷赶来送行，祝他早日收复中原。祖逖一身戎装，显得威武雄壮。壮士们满怀信心地乘船出发了。

船到江心时，祖逖敲着船桨，当众誓师说："我如果不能肃清中原的敌人，决不再过这条大江！"祖逖这铿锵有力的誓言，在江面上久久回荡，深深鼓舞了大家。

祖逖渡江后，进驻淮阴。他们先在那里起炉炼铁，制造武器，又招募了2 000多壮士，然后继续向北进发。江北百姓听说祖逖北伐，都热烈欢迎。他们给祖逖送粮送信，帮助他打击敌人。

在百姓的支持下，几年之间，祖逖就收复了长江以北黄河以南的大部分地区。

当时，北方是在后赵的统治之下，后赵是羯族人石勒建立的。祖逖领兵继续北进，跟石勒展开了激烈的战斗。

有一次，祖逖手下的将领韩潜和后赵将领桃豹争夺一个叫蓬陂的城堡。韩潜占了东城，住在东台；桃豹占了西城，住在西台。

晋军从东门进出，后赵军从南门进出。双方对峙了40多天，粮食供应发生了困难，都感到难以坚持下去了。祖逖为了战胜对方，跟韩潜商量，定下了一条计策：叫部下用许多麻袋装上土，假装是粮食，派1 000多人运上了东台。又派几个人搬运一些真的米袋，故意装作疲劳的样子，在路上休息。桃豹的士兵早就饿坏了，见了运米的晋军，就追赶过来。祖逖的部下故意丢下米袋就跑，桃豹的士兵抢到了米，见祖逖军队粮食这样充足，军心开始动摇了。

这情况很快传报到石勒那里，为了稳定军心，石勒火速派人赶着1 000多头驴运送粮食，去接济桃豹。祖逖得知这个消息，立刻派韩潜等带领一支人马去路上埋伏，在汴水岸边打败了后赵的运粮队，夺得了全部粮食。桃豹听说粮食被抢，知道无法坚持，只得连夜率军逃跑了。

祖逖打了许多次胜仗，使石勒不敢南窥了。

晋元帝太兴三年七月，晋元帝提升祖逖为镇西将军，但不给他实际帮助。祖逖虽然做了将军，生活却仍然很俭朴，他常常用节省下来的钱帮助部下解决困难。

他和将士们同甘共苦，认真训练军队，准备继续向黄河以北挺进。

为了安定后方，祖逖积极奖励农业生产，安排好从匈奴人和羯人统治地区逃出来的官兵和百姓。他还认真做好争取人心的工作，对那些曾经为后赵做过事的人放手任用，不怀疑他们。那些人都很感激祖逖，遇到后赵军队有什么动静，就赶快向祖逖报告，使祖逖能及早准备，迎头痛击敌人。

祖逖收复中原的措施，得到了广大人民的真诚拥护。老年人在一块儿谈话的时候，个个竖起大拇指赞扬祖逖。他们说："我们已经老了，现在又见到了祖逖这样的好官，死了也没有什么遗憾了。"有的人还编了歌谣，到处传唱。歌中说："祖逖来了，暗淡的日月星辰再放光芒。我们这些幸存者，不再做俘虏了。让我们用葫芦盛上美酒，再带上一束干肉，唱着歌，跳着舞，去慰劳我们敬爱的祖将军!"

祖逖节节胜利，在中原不断发展壮大，引起了晋元帝的妒忌。他不再支持祖逖继续前进，还派人去监视他，要夺他的兵权。

太兴四年，晋元帝派尚书仆射戴渊做征西将军，掌管司、兖、豫、并、雍、冀六州的军事，坐镇合肥，来做祖逖的顶头上司。戴渊是南方人，徒有虚名又无远见卓识，不懂军机而妄自尊大，是个没有作为的人。祖逖受他节制心中怏怏不快。

祖逖见朝廷不信任他，感到恢复中原没有希望了，他的内心痛苦到了极点。这年九月，祖逖含恨而死。

祖逖去世的消息传出后，百姓们伤心得像死了父母一样。人们在谯县为祖逖建造了一座祠堂，表示对他的永远怀念。

贯高断喉

> 承认自己也许会弄错，就能避免争论，而且，可以使对方跟你一样宽宏大度，承认他也可能有错。
>
> ——戴尔·卡耐基

贯高是西汉初年赵王张敖的丞相，他为人重信守义，不轻然诺，言出必行，敢作敢当，深受赵王的器重和同僚的爱戴。

公元前200年，汉高祖刘邦从平城（今山西省大同市东）回长安（今陕西省西安市东），经过大女婿赵王领地的首府邯郸（今河北，前邯郸市西南）。赵王亲迎高祖到王宫，早晚侍候。脱了套袖，解下围裙，亲自奉上酒食，态度谦恭，完全按着女婿对待丈人的礼节行事。谁知高祖却拱起高膝，态度轻慢，把赵王呼来喝去，像对待奴婢一样，有时还旁敲侧击地责骂赵王，根本不把他这个女婿看在眼里。

贯高这时已是60多岁的老人了。过去曾当过赵王张敖的父亲张耳的门客，深受张耳的尊重。他生平最讲究气节，看到赵王毕恭毕敬地侍候高祖，反受侮慢，不由气愤地对同僚赵午说："我们的王是个孱头王啊！他这样受轻侮而毫不动气，我们当臣子的也感到是耻辱！"当天晚上，贯高便同赵午去见赵王，劝他说："天下纷乱之时，豪杰并起，有才能者先为帝。如今大王对皇上执礼甚恭，皇上却倨傲无礼，实君子所难忍受。老臣不才，愿为大王杀此无礼之人，请大王下令！"

赵王想不到他一向敬重的丞相竟然说出这种话来，又急又气，把指头咬出血来，痛切地批评贯高说："丞相之言差矣！当年先王遭陈余袭击亡国，归汉后，赖高祖之力，才能杀了陈余，报仇复国。如今高祖德被子孙，孤才能继承王位，又成了汉家的女婿。背德弃义，君子所不为，望丞相不要再说这样的话。”

贯高见赵王不愿杀高祖，只好退下。出宫后，他与赵午等10多人暗中说道：“我王乃忠厚长者，不肯忘恩背德，实在令人钦敬。但皇上如此轻慢大王，臣实在难堪。我们杀皇上，正是为此。如果事情成功，自然全归我王；如果失败，我们都应承担一切罪责，决不连累我王！”

第二年，汉高祖从东垣回长安，又经过赵地。贯高等人在高祖必经之地柏人（今河北省邢台市东北）驿站的夹墙里埋伏了武士，准备乘高祖上床歇息时把他刺死。谁知高祖未在柏人停留。贯高见暗杀计划落空，只好作罢。

贯高有个仇人，不知怎么知道了此事，就向朝廷告密。高祖立即下令把赵王张敖、贯高以及门客孟舒等10余人逮捕。孟舒等知道难逃斩首之刑，纷纷争着要自杀。贯高生气地骂道：“谁叫你们这样干的？赵王并不知道我们的策划，也被逮捕，如果我们全都自杀而死，谁能证明我们的王并没有造反呀？我们要使赵王不被冤杀，自己再死也不晚。”孟舒等人便放弃了自杀的打算。

当时高祖下了一道命令：赵国群众、宾客，有谁敢跟随赵王者，满门抄斩！贯高和门客孟舒等人毫无所惧，自动地按照死囚的规矩，剃掉头发，用铁圈紧套着脖子，作为赵王的奴隶，跟着到了京城。

廷尉（刑狱官）审问贯高时，厉声问道：“你身为大臣，应当谨守臣节，忠心侍上。为何与赵王谋反？从实招来！”

贯高抬起头来，朗声答道：“谋反的事，只是我们干的，赵王一点也不知道。请大人转奏皇上，一切罪责全由我们承担，请皇上释放赵王。”

廷尉大怒道：“赵王大逆不道，你还敢为他开脱。再不从实招来，大刑侍候！”

贯高毫无惧色，仍然朗声答道：“赵王实不知此事，无可招供！”

廷尉便叫狱卒用刑，贯高被鞭打、锥刺、刀割，遍体鳞伤，血流如注，气息奄奄，仍然不改口。廷尉只好命狱卒将他押回死囚牢房。

第二天上朝时，廷尉向高祖汇报审案情况：“启奏陛下，臣多次审问贯高，他都说赵王不知此事，谋反罪责全由他一人承担，多次施用重刑，也不改口，请陛下明断！”

高祖听说贯高累受重刑，死不改口，不由赞叹说：“这老儿真是一条好汉！”他用目光扫视了一下群臣，接着问道：“你们中谁与贯高熟识？”

中大夫（高级顾问）泄公出班奏道：“贯高与小臣同乡，颇有交情。他一向重视气节，讲究信用，在赵国很有名望。”

高祖听了，就叫泄公拿了“如朕

亲临”的符节到死牢去，私下向贯高问明真相。这时贯高因为受了酷刑，浑身棒疮，正坐在竹子编成的软兜里，听见有人来，仰头问道：“是泄公么？”

泄公急忙走上前去，回答说：“正是小弟。”接着又关心地问道：“你的伤重么？用了药吗？”

贯高艰难地移动了一下身子，低声答道：“伤势何足挂齿，只要赵王能无罪释放，老朽就是碎尸万段也不足惜。”

泄公单刀直入地问道：“赵王到底参加谋反没有？”

贯高正色答道：“谁不爱自己的父母妻子，这是人之常情，我三族都要判处死刑，讲假话又有何用？因为赵王并未参加谋反，也不知道我们谋反的事，所以我才死不改口，不愿冤枉好人。”接着，他就把他们为什么要谋杀高祖的经过，从头到尾详细地说了一遍，证明赵王确实不知此事。

泄公问明情况后，据实回奏。高祖方信赵王确实未参与谋反，就赦免了赵王。

贯高说一不二，敢作敢当的行为使高祖大为赞赏。高祖在赦免赵王之后，也决定释放贯高，并叫泄公去通知此事。

泄公来到死囚牢房，一进牢门就高声说道：“丞相大喜！”

贯高问道：“喜从何来？”

泄公说：“小弟据实奏明皇上，皇上知道赵王未参与谋反，已下令赦免他了。”

贯高高兴地说：“我们的王真的释放了吗？”

泄公肯定地说：“真的！另外还有一件喜事哩！”

贯高问道：“什么喜事？”

泄公说：“皇上见你说一不二，敢作敢当，很是喜欢，也赦免了你。小弟就是奉命来释放你的，这岂不是一件大喜事么？”

贯高说：“我之所以不死，为的是好证明赵王没有谋反。现在事情已弄清楚，赵王已被释放，我的责任已尽到，虽死也无恨了。当臣子的背着谋反罪名，即使皇上不杀我，我有何面目在皇上手下任事呢？”说完，乘泄公不防，猛地拔出泄公身佩之剑，切断自己的喉咙，顿时倒地而死。

泄公抢救不及，悲痛万分，只好如实奏明高祖。高祖闻知贯高遇赦仍自杀，深为叹息。

赵王知道贯高为自己而死的消息后，万分悲痛，亲到灵前吊唁。从此以后，贯高的声名天下皆知，人们都赞扬他是重信守义，敢作敢当的好汉子。

道同舍命执法

> 法行于贱而屈于贵，天下将不服。天下不服，而求法之行，不可得也。
>
> ——苏辙

在人民内部，不可以没有自由，也不可以没有纪律；不可以没有民主，也不可以没有集中。这种民主和集中的统一，自由和纪律的统一，就是我们的民主集中制。在这个制度下，人民享受着广泛的民主和自由；同时又必须用社会主义的纪律约束自己。——毛泽东

明朝开国以后，挑选了一批品学兼优的读书人去各地担任地方官吏。住在河间（今河北省河间县）的蒙古族人道同也被派到广东番禺（广州府治所在地）做了知县。

道同做官刚正不阿，当地百姓交口称誉。有一天，他和几个随从在街上散步，正遇一伙歹徒殴打两个做买卖的小贩。其中一个小贩已被打倒在地，满脸是血。道同见状，喝住打人的歹徒，义命随从查验被打者的伤势，岂知那人已经被活活地打死了。

既然出了人命，道同就立即差人把歹徒拿进县衙。他升堂问明案情后，便把两个主犯囚进大木笼里，摆在十字街口示众，并准备奏请朝廷按律问斩。

住在番禺县城里的明朝开国功臣朱亮祖，听说此事后也到街头一看，才知道囚在木笼里的歹徒是两个和他交往很深的当地乡绅。于是，他赶紧发出请帖，把道同叫进府里，当面交代说：

“你囚在木笼里的那两个犯人都是我的朋友，他们有什么错，我教训几句就可以了，你就放了他们吧！”

道同不卑不亢，很严肃地回答说：“您的吩咐我断然不敢听从。因为我拿了朝廷的俸禄，就要为国安民。那两个歹徒打死了人，按照法律是要偿命的。我绝不会容情卖法。”说完，他就拂袖而去。

朱亮祖万万没有料到，一个小小的七品芝麻官竟敢拒绝他的要求。他恼羞成怒，就派出一队家丁到十字街口私自砸毁术笼，放走囚犯，还当众侮辱和鞭打了道同。

道同并未在恶势力的面前低头屈服。他不顾自己官小职卑，立即给明太祖朱元璋写了一份奏折，报告朱亮祖目无王法，私放囚徒的不法行为。他还在奏折中历数朱亮祖和他儿子横行一方、欺压百姓的种种事实。可是朱亮祖也很狡诈，他恶人先告状，抢在道同的前面，已经上奏朝廷，诬蔑道同蔑视功臣，心怀不轨，建议处以重刑。

明太祖朱元璋接到朱亮祖的奏折后，没有仔细考虑，就下诏将道同“杀无赦”。几天以后，他接到道同的奏折，才知道了事情的真相。他为道同执法不避权贵的凛然正气所感动，赶忙下了赦免道同的诏书。可惜这份诏书到达广东时，道同已经被朱亮祖杀害了。

明太祖朱元璋得知道同被杀的消息后，心中非常后悔。他暗责自己处理此事不够慎重。为了挽回影响，他派人到番禺重审道同遗留下的旧案，将杀人的歹徒处以死刑。不久，明太祖朱元璋把道同告发朱亮祖和他儿子朱暹的种种罪行也逐一查实，将这作恶多端的父子二人召回南京法办了。

胡建正军法先斩后奏

> 举事不私，听狱不阿。
>
> ——《晏子春秋》

胡建，字子孟，生年不详，卒于昭帝元年（前86年），西汉河东（今晋南地区）人。他是汉武帝时期的一位下级官吏，先后任过守军正丞和县令。但他敢于同不法势力斗争，刚正不阿，在当时很有名声，也受到后人的尊崇。

汉武帝天汉年间，胡建在禁卫军中担任代理守军正丞。西汉禁卫军分为南军和北军两部分，每军都专门设置主管军法的官员，称为守军正。所谓守军正丞，即为其下属官吏。由于职位低下，他自己又很贫穷，所以不能自备军骑，只能与步卒一同起居。但他关心爱护周围兵士，得到士卒的真诚拥护，从而，他的命令在步卒中能够得到绝对贯彻执行。

对于违反军纪军规的行为，他能毫不容情，不论任何人，他都敢于坚决打击。当时的监军御史为谋取私利，私自派人将北军军营的垣墙打通，与社会上做买卖。这显然违反军纪，而且这样做，势必涣散军心，瓦解斗志，会把军队搞成一盘散沙。但这种事情又构不成犯法，法律是不能制裁他的。胡建虑及这些情况，决定实行先斩后奏的方法，将监军御史处置，以整肃军纪，然后再报告皇帝。他选择了一个校武选士的日子，驱使随行步卒登入将领就座的选士台上，将监御史当场拉出，斩首示众，然后当众宣布了斩杀监御史的理由，使全军震动。他的这一行动，得到汉武帝的高度赞赏，特下诏书，表彰他的举动。胡建亦因此而知名。

汉武帝末年到汉昭帝初年，胡建出任渭城县县令。渭城县处于京师长安附近，皇亲国戚，达官显贵常常出入于此，比之一般县令，更难于治理。胡建不怕皇亲国戚的凌迫，也不顾权贵的威胁，敢于打击恶势力，保护普通百姓的利益。当时，昭帝初立，上官桀与霍光同时受命辅政。皇后为上官桀之孙女，其父上官安与昭帝之姊的情夫互相勾结，多行不法。因为京兆尹樊福对他们的不法行为常有钳制，他们将樊福视为眼中钉，收买刺客将樊福杀害，而把刺客隐藏于昭帝之姊的住宅中，昭帝之姊的食邑地在渭域，胡建就派士卒包围了她的住宅，搜捕刺客。昭帝之姊依仗权势，不但不交出刺客，还唆使她的情夫和外祖父率领家奴武力驱散了胡建派去的士兵。事后，昭帝之姊还反咬一口，唆使仆射弹劾胡建，说胡建派巡城之人伤杀了她的家奴，并且说胡建还用箭射她的甲第。只是由于霍光对胡建的暗中保护，才使昭帝之姊的恶状没有告成。但是，他们并不甘心就此罢休。后来，乘霍光有病休假之机，上官桀下令逮捕胡建，胡建得知这一消息后，遂愤懑而自杀。当时，京城附近官吏百姓都为胡建的冤屈鸣不平，特地为他立祠，表示对他的怀念和对恶势力的抗议。

作为一名下级官吏，胡建的名字能够留在史册上，足以说明他在当时的影响。从《汉书》对他事迹的简略记述中，可以窥见他一生的行为，尽管他被权势所逼，含恨而死，但他的精神却值得继承。

秦巨守纪尽忠

> 诚信者，天下之结也。
>
> ——《墨子》

南宋高宗时的宰相秦桧是人人发指的大汉奸，他陷害抗金英雄岳飞，出卖国家民族利益，罪大恶极，罄竹难书。但其曾孙秦巨，却走了一条与其曾祖完全相反的道路，他崇尚民族气节，坚持抗金斗争，最后壮烈牺牲，名标青史，万人钦敬。

秦巨，字子野。他虽出身于秦氏门庭，但对其曾祖秦桧的卖国丑行却极为愤慨，从小就仰慕精忠报国的岳家父子，立誓效法他们，为国献身。他勤学经史，苦练武功，成年后，即投身军旅，奋战沙场，屡立奇功。不久，受命赴南宋军事重镇蕲州（今湖北省蕲春县西北）任通判，协助郡守李之诚治理军政事务。

南宋宁宗嘉定十四年，北方的金国又一次向南宋发动大规模的侵略战争。这一年的二月初，金宣宗派大将完颜阿邻等率领精兵悍将 10 余万，分两路向淮南逼进，一路进攻黄州，一路围攻蕲州；二月中旬，蕲州被数万金兵重重包围。

当时蕲州只有数千人马，形势十

分危急。郡守李之诚问秦巨道："秦大人，金兵压境，蕲州危如累卵，你看是逃，是降，还是战呢？"

李之诚一向忠心为国，秦巨知道他的这番话是有意试探自己，便奋然按剑起立，慷慨说道："金兵猖獗，占我中原，掳我先帝，杀我百姓，靖康大耻，至今未雪，臣子深以为恨，今又纵兵南下，犯我淮南，旧恨新仇，令人切齿！巨早已以身许国，宁战死沙场，也决不降逃！"

李之诚听了秦巨这番忠义之言，激动得一把握住秦巨的手说道："子野，我们生为大宋人，死为大宋鬼，誓与蕲州共存亡，与金兵血战到底！"

于是，李之诚与秦巨立即召集全体将士，用忠义之言激励他们卫城守土，三军将士见主官誓死守城，人人感奋，纷纷写血书表示决心：誓死守卫蕲州，决不让寸土与金虏！

蕲州城虽然兵力薄弱，但由于将士们忠心为国，奋勇争先，作战时都能以一当十，多次给金兵以重创，使蕲州城固若金汤，撼莫能动。

狡诈的金兵统帅见攻城月余，蕲州仍未攻下，便抽调兵力转攻黄州。三月初，黄州陷落，十数万金兵齐集蕲州城下，把全城围成铁桶一般。

蕲州告急。李之诚与秦巨几次派人冲出重围，向武昌、安庆、合肥等处的宋军求援，但援兵迟迟不至。眼见蕲州即将不保，在这种情况下，李之诚与秦巨仍毫不气馁，他们日夜督战，安抚百姓。

三月十六日，潮水般的金兵从蕲州城西门攻入城内，李之诚与秦巨指挥着仅存的少数兵将在城内与金兵展开巷战。血战数日，李之诚不幸身受重伤，倒卧血泊之中，为了不被敌人活捉，他拔剑自刎，壮烈牺牲。李之诚为国捐躯后，秦巨强忍悲愤，挑起了指挥作战的重任。三月二十日，金兵占领了全城。秦巨见大势已去，便对从卒刘迪道："巨受命于危难之际，肩负抗金守境重任，今蕲州已失，愧对国恩。古人曰：不成功便成仁，巨只能以死殉职了！"说罢，便强令刘迪搬来柴火，亲自点燃，然后不顾从卒阻拦，奋身跳入火中。两个儿子秦浚、秦澭也一齐自焚。

秦巨以实际行动实践了效法岳飞，精忠报国的誓言，受到后人的景仰。

文天祥宁死不屈

> 孩子是要别人教的，毛病是要别人医的，即使自己是教员或医生。但做人处事的法子，却恐怕要自己斟酌，许多人开来的良方，往往不过是废纸。
>
> ——鲁迅

南宋末年，朝廷已经十分腐败。蒙古贵族建立的元朝，举兵南侵，把宋军打得一败涂地。

元兵一直向南宋的都城临安（今杭州）进逼。南宋朝廷只好向全国发出文告，号召各地募集义军，前来救应。告急文书到达江西赣州，知州文天祥立即响应，没几天工夫，便召集了一万多义军。义军组织起来了，但既无粮饷，又缺兵器。怎么办？文天祥毫不犹豫地变卖了自己的全部家产，充作军费。他带领义军，向着临安的方向前进。

可是，朝廷中的大臣们看到元军势盛，大都主张投降。元军统帅伯颜，逼宋朝派宰相去谈判。朝廷中的大臣们胆小如鼠，无人敢去。刚到都城的文天祥挺身而出，被任命为右丞相，到元军大营去谈判。

一见到伯颜，文天祥就严厉地斥责元兵的无理侵犯，接着他要求元兵后退一段路，再进行谈判。伯颜原以为宋朝是派人来谈判投降条件的，想不到文天祥的态度竟这样强硬。他怒气冲冲地说："你们宋朝已经完蛋了，快些归顺我们大元吧！""归顺？"文天祥哈哈大笑，说："我只知道抵抗，不知道什么叫归顺！你不要小看我们大宋，南方的广大土地仍旧在我们大宋军民手里，我们是决不会屈服的！我劝你还是接受我的意见，撤退军队，好好讲和，这样，对我们双方都有好处。"

伯颜气得火冒三丈，命元兵从座位上拽起文天祥，威胁说："是死是降，由你选择！"

文天祥甩开元兵，理直气壮地说："我文天祥早就准备以死报国。你们要杀就杀。刀、锯、油炸，我都不怕！"伯颜无奈，只好把文天祥扣留起来，不让他回去。文天祥被扣留后，南宋小朝廷向元军投降了。文天祥在元营里得到这个消息，心里痛苦极了！他曾想自杀，但转念一想：全国广大军民还在继续抗元，无论如何也要活下去，跟敌人斗争到底！有一天，文天祥乘敌人不备，在黑夜里带了十几个人，渡过长江，逃到了江北。路上，文天祥听说南宋益王在福州即位，急急忙忙又赶到福州。益王让文天祥指挥各路兵马抗击元兵。文天祥经过一年多的苦战，收复了江西南部许多地方。

后来，元军又一次大举南侵。文天祥遭到大队元兵的重重包围。兵败被俘后，如狼似虎的元兵硬要文天祥跪下来。文天祥直挺挺地站立着，轻蔑地对元军统帅说："叫我向你下跪，哼，真是异想天开！现在我被你们捉住，只有一死，要我屈服，万万不能！"

元军统帅还不死心，叫人拿来纸笔，逼文天祥写信劝降。文天祥提笔作了一首诗：《过零丁洋》。这首诗的最后两句是："人生自古谁无死，留取丹心照汗青。"后来，文天祥被押到了大都（今北京）。开始时，元朝皇帝还想用软的办法引诱他，让他住在豪华的房子里，给他送来山珍海味。文天祥把送来的东西往旁边一推，每餐都只吃一碗饭，喝几口汤。

敌人恼羞成怒了，他们给文天祥戴上长枷和脚镣，送进了土牢。狭小的土牢，臭气扑鼻，不见阳光。冬天冷得像冰窟，夏天热得像蒸笼。一到晚上，成群的老鼠到处乱跑乱咬。敌人的百般折磨，始终动摇不了文天祥铁石一般的意志。在土牢的 4 年当中，他写了不少充满爱国激情的诗文，最著名的一篇，便是《正气歌》。最后，元朝皇帝亲自出马劝降失败，决定杀害文天祥。

那天，大都城里，风沙漫天飞舞，日色暗淡无光。文天祥被押到刑场时，问旁边的人“哪一边是南方?”有人指给他看。他整了整衣服和帽子，从容地朝南方拜了两拜。然后，转身对刽子手喝道：“快动手吧!”

文天祥慷慨就义了。但他宁死不屈的精神，永远受到人民群众的怀念和赞扬。

张煌言忠烈千秋

> 不须犯一口说，不须着一意念，只凭真真诚诚行将去，久则自有不言之信，默成之乎。
>
> ——吕坤

明朝末年，浙江鄞县出了一个可以与南宋文天祥后先辉映的民族英雄，他就是浙东抗清义军领袖、著名爱国诗人张煌言。他在极其艰难的条件下，坚持抗清 19 年：四入长江，八次北伐，三渡闽海，四拒诱降，最后用自己的生命谱写了一曲气壮山河的新《正气歌》，忠烈千秋，令人感奋。

张煌言，字玄著，号苍水。他出身官僚家庭。幼年丧母，九岁能诗。少年时就随同任山西盐运司判官、北京刑部员外郎（掌管国家法律、刑狱事务的中级官员）的父亲张圭章来到北方，讲文习武，亲身体会到在后金铁骑蹂躏下的痛苦，激发了强烈的爱国心。

公元 1646 年，清军大举南下，攻陷南明弘光朝的京城南京后，又分兵进攻浙江、福建。26 岁的张煌言怀着满腔爱国热情，在家乡宁波参加了钱肃乐的抗清义师。崇明之战失败后，他又到上虞会稽山的平冈结寨，同清军对抗。伪上虞令给张煌言写信劝降，遭到痛斥后，又勒令张圭章写信叫儿子降清。圭章却秘密派人送信给儿子，叫他努力杀敌，勿以家人为念。张煌言牢记父教，后来又到舟山岛上与张名振共同抗清。清朝提督等具名致书张煌言，以高官厚禄诱降，张煌言却断然拒绝，并以南宋民族英雄文天祥自励，讽刺劝他降敌的汉奸留梦炎之辈。郎廷佐见诱降无效，包围无功，就下令抄张煌言的家，将他的妻子董氏和儿子万祺逮捕，关入镇江狱中。但张煌言仍然矢志不屈，坚持抗清。

由于张煌言在浙东人民中很有威望，清廷为了斩草除根，就悬赏通缉张煌言。浙江提督张杰想邀功请赏，找到原属张煌言部下的小军官，后来成了叛徒的徐元，叫他化装成游方和尚，到舟山普陀寺侦察张煌言的踪迹。恰好张煌言差偏将（下级武官）带几个兵卒到舟山买米，被徐元撞见。徐元抽刀上船，逼迫众人说出张煌言藏身的地方，大家谁也不肯说，赤手空拳与徐元厮拼，偏将身受重伤，投水而死，几个兵卒均被杀死。只有一个船夫，受刑后意志不坚，供出了张煌言的藏身之处。当时张煌言还未睡着，忽听门外芦苇飒飒，声音有异，连忙喊人起来，清兵已经破门而入。张煌言见情势紧迫，忙拔剑自刎。谁知宝剑被床帐裹住，未能如愿，竟被擒住。

张煌言被清兵押回故乡宁波。百姓们闻知消息，齐来道旁瞻仰这位民族英雄的风采。张煌言坐在轿子里，头戴明代文人常戴的方巾，身穿葛布衣服，神态自若，见者无不伤心落泪。到了清提督衙门前下轿，张煌言向四周扫视了一下，叹息说：“这是沈文恭相国的故宅，如今却成为马厩了!”押解他的差官要他从角门进去，他凛然不动。提督张杰听说，连忙大开中门迎接。张煌言从容不迫地走进大厅，昂然高坐。张杰设盛宴招待，恭敬地请张煌言入座：“久仰苍水先生大名，今日方得拜识尊颜，实是三生有幸。张杰特备水酒一席，为先生压惊，请先生赏光。”说完，又把手一拱：“请!”

张煌言一脸正气，断然拒绝说：“父死不能葬，国亡不能救，死有余辜。今日之事，速死而已!”说完，再无一语。张杰无法，把他暂时羁押在一所民房中，派兵卒看守，然后申报上司，听候发落。

张煌言在宁波羁押了 10 多天，张杰得到浙江总督赵廷臣的命令解省，就用一乘四人抬的轿子送张煌言到江岸，以便乘船去杭州。张煌言一出城门，就命轿夫停下，下轿向宁波城拜了几拜，表示向故乡告辞，接着又向围送的父老乡亲告别，然后上船。围送的人们知道他此次一去，再难回到故乡，人人悲痛难禁，纷纷落泪。

张煌言到了杭州，清浙江总督赵廷臣亲来劝降："先生久抗王师，罪不容诛。若能归顺我朝，富贵功名当可立致。廷臣当保先生以兵部尚书的原官起用，不知先生意下如何？"

张煌言义正词严地说："变节求荣，岂正人君子之所为。文天祥大义薄天，留梦炎遗臭万年。煌言不才，愿步文山后尘，但求速死，别无他言。"

赵廷臣见张煌言断然拒绝，还隐含讥讽，骂他是变节求荣的留梦炎之流，又羞又气，只好把张煌言下狱，派人严加看守，仍供给丰盛食物。为了邀功请赏，同时冲淡自己的汉奸罪名，他又几次派原属鲁王朝廷的降官降将，借探望为名去劝降。

杭州百姓闻知张煌言被囚后大义凛然，宁死不降，十分敬仰，纷纷买通看守人，以一见为荣。许多人还请张煌言题诗留念。张煌言慨然允诺，尽情挥洒，毫无倦容。每一篇都是写文天祥的《正气歌》，借以述志，读的人都感动得流泪。

赵廷臣多次劝降落空，便上奏朝廷，请求主子处理。当时对于如何处理张煌言，意见不一：有的主张解京斩首，以震慑天下；有的主张长囚浙江，免激民变；有的又主张尽量优待，以招降者。众议纷纭不决，只好移交刑部裁决。最后刑部作出了杀害张煌言的决定。

到了官井巷刑场，但见兵卒密布，戒备森严。刽子手捧着明晃晃的大刀，站立在萧瑟的秋风里，更显得杀气腾腾，冷气森森。赵廷臣坐在广场中央的公案后面，也是咬牙瞪眼，一脸杀气。张煌言对于这一切，视若未见。他从容地下了轿，向四面环顾。

行刑官走到张煌言面前，问他有什么遗言。张煌言想到国破家亡，独力难支，为国尽忠，索愿可偿，便口占绝命诗一首，命书吏记下。诗云：

我年适五九，乃逢九月七。

大厦已不支，成仁万事毕。

看见书吏记完后，他无限深情地望了祖国壮丽河山最后一眼，才挺立就刃，时年 45 岁。

张煌言就义后，尸骨抛在荒郊。那时他的妻子董氏早已病死狱中，儿子万祺也于三日前遇难于镇江，竟无人敢为收敛。后来由故交黄宗羲等醵钱收拾弃骨，同乡纪五昌捐出银两，叫张煌言的外甥朱相玉到总督衙门买出首级，才得以殡敛。宁波人万斯大、朱直生、张文嘉等，又遵从张煌言《忆西湖》诗中"高坟武穆连忠肃，添得新坟一座无？"两句所表示的死后葬在岳飞与于谦二墓之间的遗愿，将他葬在杭州南屏山北麓的荔枝峰下，与岳坟、于坟遥遥相对。

王璞宁死不违《抗日公约》

公私不可不明，法禁不可不审。

——《韩非子·饰邪》

1943 年 5 月的一天，晋察冀边区完县野场村的群众接到上级通知，知道敌人的“扫荡”队伍很快就要进山，于是全村男女老少立即投入了反“扫荡”斗争。

在本村的抗日小学里，14 岁的儿童团长王璞和同学们一起共同讨论制定了《抗日公约》。这《抗日公约》共有四条：（一）不上鬼子（即日本侵略军）学，不念鬼子书；（二）不吃鬼子糖，不上鬼子当；（三）不向鬼子说实话，不给鬼子带路；（四）不暴露八路军，不说出村干部。

王璞还向同学们表示：“假如我被鬼子抓住了，就是刀架在脖子上，也不当孬（nāo）种。”

这天半夜，王璞睡得正香，就被当抗日村长的爹唤醒，让他去参加“坚壁清野”。那时凉风习习，繁星满天。王璞他爹领着五六个民兵抬着几只沉甸甸的箱子来到隐蔽地点后，压低声音、很严肃地对大家说：“这是几箱八路军转移时留下来的枪支弹药，咱们坚壁以后一定要严格保守机密！”说完，让王璞和一个叫山虎的孩子去放哨。民兵们挖地窖，埋箱子，直到天快亮时才完成任务。

没过多久，“扫荡”根据地的鬼子就开进了野场村。这时村里的乡亲都转移进了桃树沟，只有民兵在村附近打游击，放冷枪，不断地骚扰敌人。

穷凶极恶的鬼子放火烧了野场村，又像梳头一样，一条山沟一条山沟地进行搜索。直到第六天早晨，才由于一个叫龙旺水的坏蛋告密，兵分两路向桃树沟扑来，把藏在沟里的二三百个乡亲都抓住了。

鬼子强迫乡亲们集合在一起，四面架起机枪，让一个翻译对大家说：“不要害怕，只要说出八路军埋藏枪支弹药和粮食的地方，把抗日干部交出来，就会重重有赏。”

但人们沉默着，没有一个人作声。

翻译又说：

“你们如果不说，皇军就要机枪点名了。”

人群中还是没有回答。

“嘎嘎嘎”，这一梭子弹是朝天放的。听见枪声，人群中有些骚动。一些母亲怀中的孩子受了惊吓，大哭起来。

这时，王璞突然从人群中挤了出来，向乡亲们高喊：“爷爷奶奶，婶子大娘，咱们啥也不能说啊！咱们宁死也不当汉奸！”

“对，咱们宁死也不当汉奸！”

王璞又挥动手臂高喊：“儿童团员们，请记住咱们的《抗日公约》！”

人群里，三四十个儿童团员都默默地背诵《抗日公约》。

乡亲们的情绪开始稳定下来，视死如归地面对着凶残的敌人。

鬼子从乡亲们的口里套不出半句话来，于是恼羞成怒，开始杀人了。在这生死关头，王璞高昂着头，用尽全身的力气高呼：“打倒日本帝国主义！”

人们也一齐高喊：“打倒日本帝国主义！”

鬼子的机关枪又“嘎嘎嘎”地叫个不停。王璞和 117 名手无寸铁的群众英勇地牺牲了。

反“扫荡”斗争结束后，晋察冀边区政府和完县抗日县政府为纪念在桃树沟牺牲的烈士，召开了隆重的追悼大会。会上，授予王璞“抗日民族小英雄”的称号。全国解放后，人民政府把王璞生前用过的石板、红缨枪和牺牲时压在背脊下面的四堆小石头作为珍贵文物，陈列在了中国革命博物馆里。

邱少云在烈火中永生

良好的秩序是一切的基础。

——伯克

抗美援朝战争中，志愿军战士邱少云被批准参加了一支潜伏部队。出发之前，部队首长反复交代潜伏纪律：进入指定位置后，每个人都必须始终保持伪装，一直坚持到发起总攻的时刻。

1952 年 10 月 10 日深夜，邱少云和 500 多个全副武装的战友神不知鬼不觉地进入了潜伏位置。直到第二天天亮以后，邱少云才看清楚：他们的潜伏位置四周是一片苍茫的深草。这里距离敌人占据的三九一高地只有 60 多米。三九一高地上有用交通壕联结起来的一道道铁丝网和一簇簇地堡群，持枪的敌人在交通壕里来回走动，不时地用望远镜观察山下的动静。一挺挺机枪也从地堡的射口直对山下。在这种形势下，只要邱少云和他的战友中有一个人稍有响动，都会被居高临下的敌人发现，造成不堪设想的后果。

为了不被敌人发现，邱少云和他的战友们忍着饥渴，一动不动地躺卧在潜伏位置。他们每个人都从头到脚披挂着和周围枯草一样的伪装，微风吹来，枯草和伪装一齐摆动，是很难看出破绽的。

可是到了上午10点多钟，突然有十几个敌人跳出交通壕向深草滩的方向走来。一边走还一边漫无目标地乱打枪。这时，邱少云和他的战友们都屏住呼吸，用眼神互相鼓励着："要镇静，要严格遵守潜伏纪律啊！"幸好这队敌人走了一二十米远就返回去了。于是大家稍稍松了一口气。

过了半个多小时，敌人的飞机来了。从飞机上往下投掷了几颗燃烧弹，深草中燃起数处大火。幸好潜伏部队很分散，没有造成伤亡。但是，一颗燃烧弹落到了离邱少云两米多远的草地上，有一滴飞迸出来的燃烧液恰恰溅到了邱少云的左腿上。一眨眼，邱少云腿上扎的伪装烧着了，火苗腾腾地冒起来，很快地连接成一团烈火，整个儿把邱少云包围了。

怎么办？在邱少云身后几步远的地方，就是一条水沟，他只要后退一下，在泥水里打几个滚，就可以把身上的火苗扑灭。可要是这么做的话，就会暴露潜伏目标。……

邱少云牢记着出发前部队首长一再强调的潜伏纪律，他为了整个战斗的胜利，为了500多个战友的安全，任凭烈火烧身，忍受着极大的伤痛，一动不动地趴在那里。

十几分钟过去了，邱少云额头冒着大颗大颗的汗珠，他紧闭双眼，咬着牙，呼呼地喘着粗气，仍然像沉重的巨石一样一动也不动。

旁边战友们的心像在滚油锅里一样受着熬煎。他们眼看着邱少云被无情的烈火吞噬（shì）着，是多么悲痛呀！泪水已经模糊了他们的眼睛，他们默默地呼唤着邱少云的名字，多么想冲过去援救呀！可是……

邱少云的棉衣快要烧完了，邱少云身上的烈火渐渐地熄灭了。为了战斗的胜利，为了潜伏部队全体战友的安全，邱少云献出了他年轻的生命。

下午5点30分，部队向敌人发起总攻。潜伏部队迅速地冲向敌人，在后续部队的支援下，仅用20分钟时间就攻克了三九一高地，为志愿军将战线向南推进打开了缺口。

战斗结束后，志愿军领导机关授予邱少云一级战斗英雄的称号。1953年6月1日，朝鲜民主主义人民共和国颁发了金星奖章和一级国旗勋章，以表彰邱少云在战争中建立的殊功。

格拉古为护法献身

制定法律的人首先触犯法律，这样的法律还有什么意义。

——贝蒂

2 000多年前，罗马共和国不仅存在着奴隶和奴隶主的对抗性矛盾，而且贵族和平民之间围绕土地问题也进行着激烈的斗争。在这场斗争中，提比略·格拉古为了制定和维护土地改革法献出了宝贵的生命。

提比略·格拉古出身贵族名门，父亲担任过罗马的执政官，母亲是一位将军的女儿。他本人长期在军队服役，对于平民的艰难处境十分同情。为了改变平民的处境，他旗帜鲜明地提出了平分土地的主张。

公元前133年，格拉古当选为罗马的保民官。他就职后就向人民会议提出了土地改革法案。规定每户自由民可占有的国有土地不能超过1 000犹格（约合50公顷），其余的国有土地按30犹格一份划成小块，分配给贫苦的平民世袭租种。这项法案获得通过后，组成了由格拉古领导的三人委员会，负责分配土地的工作。

提比略·格拉古为了维护和执行土地改革法，在广大平民的支持下进行了艰苦的斗争。那些已经把大片大片国有土地据为己有的贵族千方百计的阻挠分地工作的进行。他们设法隐瞒地产，或者把多出限额的土地转移到亲戚朋友的名下；或者把国有土地说成是固有的私产，拒不交出；还有的贵族公开威胁格拉古，说如果不放弃土地改革法，就会要他“好看”。

面对贵族们的抵制和威胁，格拉古依然不改初衷。在他的坚持下，核查土地和分配土地的工作有了很大进展。一部分大贵族据为己有的国有土地被没收，并在平民中进行了分配。

按照罗马法律的规定，保民官的任期只有一年。当任期快满时，格拉古为了把平分土地的工作继续下去，决定竞选下一年的保民官。

许多朋友劝他说：“现在贵族中的保守势力已经纠合在一起，磨刀霍霍了。如果你明年再当保民官，实在太危险了。”

格拉古回答说：“我因为害怕危险就不再竞选保民官，从而失去了手中的权力，那么，正在进行的分地工作就会中断，土地改革法也会完蛋。为了保护新生的土地改革法，我就是牺牲性命，也是在所不惜的。”

格拉古决定竞选下一年的保民官了。正式选举的那一天，天刚放亮，选举会场里已经是万头攒动，人山人海。格拉古进入会场时，受到广大支持者的热烈欢迎。因为他们知道，这次选举关系到土地改革的继续或者夭折，格拉古的去留牵涉着所有罗马公民的利益。选举大会快要开始了，35个行政区的公民即将依次投票，格拉古是胜券在握的。

这时，对格拉古恨之入骨的贵族保守势力见大事不妙，就赶紧纠集了数百名武装打手奔赴会场，在格拉古和他的支持者毫无防备的情况下，经过一场混战把格拉古杀死了。格拉古的尸体也被扔进了第伯河。

提比略·格拉古的死并没有平息罗马平民为平分土地进行的斗争，10年后，他的弟弟盖约·格拉古当选为保民官，广大平民视盖约·格拉古为提比略·格拉古事业的继承者，于是，一场维护土地改革法，进行平分土地的斗争又如火如荼地开展起来了。

法纪面前人人平等

FA JI MIAN QIAN REN REN PING DENG

孙武演兵斩姬

> 公民在法律和制度面前人人平等，党员在党章和党纪面前人人平等。人人有依法规定的平等权利和义务，谁也不能占便宜，谁也不能犯法。
>
> ——邓小平

春秋时期，吴王阖庐为了争夺霸主地位，迫切需要拜请一位能够领兵作战的将军。恰在这时，他得到了孙武写的《兵法》13篇，读完之后十分着迷，于是，派人把孙武请进工宫，很客气地说："您的《兵法》我已读过了，其中的见解很精辟，能不能实际演示演示呢?"

孙武回答说："行呀，不论男的女的，经过我列阵演练，都可以成为勇武善战的好兵。"

"从未见过战阵的娇弱女子，您也能训练成为好兵吗?"吴王问。

"能!"孙武斩钉截铁地回答。

这一天，吴王把180名宫女交给孙武训练。他想考察一下孙武的实际指挥能力，就坐在演练场旁边的高台上观看。

孙武在操练时，先让每个宫女手持一支戟，把她们分作左右两队，分别指定吴王的两个宠姬担任队长。接着问她们是否知道自己的心、背和左右手的位置？众宫女回答："知道。"她们也好奇地想看看孙武究竟要怎样操练。

只听孙武严肃地说："现在由我擂鼓发令。令向前，就朝着心所对的方向进击；令向左，就沿着左手的方向出击；令向右，就沿着右手的方向出击；令向后，就转过身向着背的方向后退。你们能做到吗?"众宫女说："能。"孙武又强调指出："如果有人不听从军令，就依法斩首。"

众宫女平时只会唱歌跳舞，哪里晓得军法的厉害。尤其是那两个队长，仗着吴王的宠爱，根本没有把孙武放在眼里。因此，当孙武发出军令后，鼓声咚咚，令旗挥舞，众宫女不但没有依令进退，反而嘻嘻哈哈笑个不停，把队形都搞乱了。

见此情状，孙武没有动怒。他说："大家第一次参加操练，有不明白的地方，是我没有讲解清楚。"他把军令和操练要求又反复地向宫女们作了讲解，再次强调："如果有人不听从军令，是一定要斩首的。"

把宫女们的队形整理好后，孙武再次下令击鼓向左进击。

众宫女还是嘻嘻哈哈，两个队长依然笑得前仰后合。队形又被搞乱了。

这时孙武威严地宣布："我把军令和操练要求已经讲明，可是队长却带头不听军令，依法应当斩首。"于是他下令把充任队长的两个吴王宠姬绑了起来。

坐在高台上的吴王阖庐听后大吃一惊，赶忙派人传旨要求赦免二姬。孙武断然回答："现在我是主将，将在外，君命有所不受。"在他的坚持下，两个宠姬被斩首示众。

众宫女见孙武执法如山，操练时再也不敢怠慢。一会儿鼓声又起，令旗挥舞。众宫女奇迹般地排列成了一支步调整齐的队伍：前后左右，躺倒起立，就是在泥泞的草地上也是按照将令进退起止，完全符合要求，一点差错也没有。嘻嘻哈哈的笑声更是听不到了。

孙武显示了他的治军才能。吴王阖庐尽管心疼他的宠姬，但更庆幸发现了一位很有气魄和胆识的将才。于是他正式任命孙武为大将军。

子文不护族亲

赏而不诚不劝也，刑而不诚不戒也。

——崔敦礼

子文是春秋时楚国的令尹，他办事公道，执法严明，正直无私。

一次，掌管刑狱的廷理逮捕了一名犯人，审讯中，那犯人如实地招了供，最后，又战战兢兢地乞求说："小人做下此孽，实属罪有应得，无论如何处治，我都绝无怨言；只是恳请大人，千万不要将我的事告于令尹知道。"

廷理听了，感到很奇怪，大声喝道："大胆！你小小一个囚犯，也敢提提及令尹大人？"

"大人容禀，因为令尹大人和小人是族亲，他平时素来对我们就管得很严，这会儿要是听小人犯罪，岂不是要动怒么？倘若气坏了身子，小人我怎么担待得起，所以……”

“此话当真?”廷理对那犯人的话将信将疑。

“没有半句假话。”那犯人说。

听到这儿，廷理心想：此人既是令尹大人的族亲，我如何惹他得起，倒不如送个人情了事。想到这里，便对那人说：“这次看在令尹大人的面子上，且饶了你，以后你倘若再敢造次，那可就难办啦!”说着，便打开刑具把他放了。

那人连忙叩头谢恩，随后，连滚带爬地出了府衙。

不久，子文知道了这件事，立即派人把廷理召来。廷理满以为子文会好好地谢他，便喜滋滋的来了。

子义见廷理来了，瞥了他一眼，问道：“听说我的一个族人的案子是你审理的?”

廷理连忙答道：“是的，大人。不过，我已将他放了。”

“你不是将他逮捕了吗，怎么又放了呢?”子文故作不解地问。

廷理表现出一副十分内疚的样子，毕恭毕敬地回答子文说；“原先下官不知道他和您的关系，所以多有冒犯，请大人海涵。”

子文听到这儿，十分生气地责备道：“你真糊涂啊 l 国家设置廷理这个职位，就是为着处治违法犯罪的人。一个正直的廷理就应当秉公办案，执法如山。可你却违背法律，屈服于权势，无端地宽容了犯罪之徒，这是天理难容的事啊!”接着又说：“那个人明明犯了法，就因为我的关系，就放了他，这不等于是在告诉天下的老百姓，我子文是一个徇私枉法的人吗?”

子文义正词严的一番话，说得廷理哑口无言。随后，子文又立即派人把那个犯法的族人抓了来，亲自交给了廷理，廷理依法处治了他。

这件事，很快在楚国的老百姓中传开了，大家都夸赞子文办事无私，执法公平。

石碏依法杀亲子

理国无难似理兵，兵家法令贵遵行。

——周昙

春秋时期，卫国的石碏是一位忠厚正直、奉公守法的大臣。可是他的儿子石厚却是个诡计多端、阴险狡诈的人。石厚和卫庄公的小儿子州吁十分要好。人们都说，石厚就是州吁的狗头军师。

卫庄公死后，他的大儿子继位，称为桓公。这时，石厚替州吁出谋献计，把桓公杀了，由州吁当了国君。石厚也因此得宠，被封为上大夫，位居百官之首。

石碏看到自己的儿子帮助州吁做下人逆不道的事，肺都气炸了。为了和儿子划清界限，他就以年老多病为理由，辞官不做了。

州吁杀兄篡位，遭到卫国满朝文武大臣的反对。为了摆脱孤立局面，他赶紧让石厚带上一份厚礼，请德高望重的石碏出来辅佐朝政。

石碏对州吁、石厚的违法行径本来早已恨得咬牙切齿，但这次却满口答应愿意站出来替州吁收揽人心。他还建议说：

“按照惯例，诸侯国的新君即位一定要去朝拜周天子。只要能得到周天子的批准，新君的地位就名正言顺了。”

“你是说，州吁应该去朝见周天子吗？”石厚问。

“是的。不过在去朝拜之前，你还应该陪着州吁去见见陈桓公。这人很受周天子信任。如果他在周天子面前说几句好话，我看批准州吁做卫国国君的事准能办成。”石碏回答。

石厚把石碏的建议向州吁做了汇报，州吁觉得这个建议很有道理。于是两人备上厚礼，一起去陈国拜访。

但是，州吁和石厚刚到陈国，就被陈国的武士抓了起来。

这是怎么回事呢？原来，在州吁和石厚到陈国之前，陈桓公就收到老朋友石碏的血书。血书中历数了州吁和石厚倒行逆施的种种罪行，请陈桓公一定要替卫国除害。陈桓公同石碏的交情很深，因此帮助卫国抓住了这两个坏人。

州吁、石厚被抓的消息传到卫国。石碏立即召集朝中大臣商议对两个逆贼的处理办法。

在商议过程中，大家一致认为，州吁杀兄篡位，罪大恶极，应该依法处以死刑；可是对于石厚，许多人都说：“石厚只是个帮凶，还是从轻发落为好。”

石碏听后，斩钉截铁地说：“杀州吁，就不可不杀石厚。他们两人都必须依法处死。你们不要看在我的面子上就宽恕石厚，我是绝不会为了袒护一个犯了罪的儿子，就去破坏国家法律的。”

石碏的这一番话使朝中大臣深受感动。最后，大家终于同意了石碏的意见，派人到陈国将州吁和石厚都处以死刑。

叔向断案不隐亲

执法而不求情，尽心而不求名。

——苏洵

春秋时期，在各国诸侯以及公室与私门的纷争中，有一位饱学多智、与世无争的淡泊者。他认为：“优哉游哉，聊以卒岁，智也。”但他的淡泊却又不是毫无原则地随波逐流，为了法律的尊严，他不徇己私、不庇己亲，正确处理情与法的关系，可称为执法者的楷模。他就是羊舌叔向。

叔向（生卒年不详），春秋时晋国大夫。羊舌氏、字叔向，又字叔誉。晋平公元年（前 557 年）被任为太傅。

晋昭公四年（前 528 年），晋国大夫楚人申公巫臣之子邢侯与雍子因畜（今河南温县附近田界）发生纠纷。原来，20 年前，晋平公在位时，楚人雍子受到父兄的谮毁，逃奔晋国避难，晋国十分倚重他，特将邢侯采邑中的畜地中的一部分赐给他。因此形成雍子与邢侯的田界相互毗邻，并且犬牙交错的复杂情况。天长日久，田界渐渐模糊不清，两家为争田界屡起纠纷为此找到大理打官司。但历时甚久，也没有调解成功。

恰好理官士景伯出使楚国，由叔向的弟弟叔鱼摄代士景伯之任。秉持国政的韩宣子命叔鱼了断这桩掩延日久的旧狱。

叔鱼接手此案后，详勘地界，认为此案“罪在雍子”。心虚的雍子听到这一风声后，深知叔鱼素来“渎货无厌”，贪求财色不择手段、不顾后果，赶紧投其所好地将自己的一个女儿给叔鱼为妾，以求为己掩饰。贪财好色的叔鱼受贿后，立刻转而判处邢侯有罪。邢侯听到此颠倒黑白的判决，不禁勃然大怒，直接冲上朝堂与之论理。争吵中，怒不可遏的邢侯竟将雍子、叔鱼当堂杀死了。

韩宣子觉得此案很棘手，就将叔向找来，向他求教应怎样处理这件案子。叔向面对胞弟的尸体，并没有有所顾忌，或设法为胞弟开脱罪责，而是当即干净利落地回答道：“这三个人所犯的罪过程度是相同的，按律应当将活着的处死，将已死的陈尸示众。”接着他向韩宣子具体分析了每个人的罪行：雍子明知有罪，却以女嫁于叔鱼，这是用行贿方式来购买胜诉；叔鱼身为司法官员，不仅受贿，而且不以情理判曲直，实已触犯卖狱大忌；邢侯未经批准而专擅杀人，这三个人所犯的罪过性质的严重、恶劣程度是一样的。由此，叔向得出结论：自己有罪而去掠取美名，这就叫昏，贪污受贿以至于败坏职守，这叫做墨，肆无忌惮地擅自杀人，就叫做贼。《夏书》上记载，犯了昏、墨、贼三种罪行都必须处以死刑，这是皋陶制定的刑法，请你据此去判处他们吧！

韩宣子听了如此责有所归、罪有所得、有理有据的回答，心中折服。于是宣布三人罪状，将邢侯处死，而将雍子、叔鱼二人的尸体在街市示众，以儆效尤。孔子听说此事后，对叔向所为大加赞赏，他认为制刑亦治国之人事，叔向审治邢侯之狱，指斥叔鱼之贪，以正刑书，而于其亲不包庇隐蔽，高度赞誉了叔向的刚直有古人遗风！的确，执法无私，不为亲隐，正确处理情与法的关系，维护法律的尊严，这是一个正直的执法者所应具有的品德，值得我们学习。

晋文公法行所爱

> 世不患无法，而患无必行之法。
>
> ——桓宽

一天，晋文公正和大臣们讨论刑罚的最高准则是什么。大家你一言，我一语，七嘴八舌，说个不停，一时还未找到一个正确的答案。正在这时，一个人在旁说了八个字。这八个字一出口，大家都觉得挺对，厅堂之内一时鸦雀无声。这八个字就是："不避亲贵，法行所爱。"意思是说，亲近的人、尊贵的人犯法也要和平常人一样受到处罚；法律对当权者所亲爱的人也要一视同仁，不折不扣地付诸实施。用现在时髦的一句话说就是"在法律面前人人平等"。可是这句话说好说，做起来可并不容易呢？晋文公当时听了这八个字也是点头称善。他没有听出来这个人说这八个字所含的一种特殊意味。其实晋文公样样都好，就是有一样，和他一起奔波了19年的颠颉是他最亲爱的人，就在他身边。这个颠颉可说是一个无法无天的"巴儿狗"，一个十恶不赦的魔鬼。

第二天，有趣的事便发生了。晋文公这一天去打猎，文武百官照样跟随。事先规定，大家必须按时到达，违者斩首。在古代，打猎也是一种军事行动，行令如军令，是必须服从与遵守的。可偏偏就在这个严整的时刻，有一个人迟到了，他就是颠颉。颠颉是过了半个时辰后才来到的。他以为自己是晋文公即位的有功之臣，大大咧咧，自己迟到也认为是小事一桩，根本没在意。

打猎快开始了。主持这次打猎行动的官员向晋文公报告说："所有的人员都按时到齐。只有颠颉迟了半个时辰才到。按法当斩，请您定夺。"

这一下晋文公为难了。是啊，昨天才开过会，大家议定了那八个字："不避亲贵，法行所爱。"自己也点头称善，实际是通过了这个"八字宪法"，可今天就碰上了一个难心事，真叫"寸"。这可怎么办呢？不杀颠颉吧，这等于自己打自己耳光，让自己丢人现眼；可是若是杀了他，19年的颠沛流离，19年的患难与共，不就全付之东流了吗，自己又怎能下得了手。想来想去，不知不觉间晋文公的眼泪像断了线的珠子一样一颗一颗地滴落在地上。

可是主持官还站在那儿，而且又

说了一句："请您批准，处斩颠颉，以正军法。"

颠颉这才意识到问题的严重性，他慌忙地跪下来，磕头如捣蒜，求晋文公饶命。晋文公一看，自己实在无能为力了，便冲着主持官点了点头。主持官一看国君点头了，便向行刑官下令：处斩颠颉。刽子手就把颠颉带出，一刀斩为两截，十分利落痛快。斩后，颠颉的尸身还在血泊中抽搐着、抖动着，晋文公实在不忍心多看他一眼……

杀完颠颉，打猎的队伍便出发了。这支队伍向猎区冲去，显得格外的矫健、轻捷……

腹䵍依法斩独子

> 法律就是秩序，有良好的法律才有好的秩序。
>
> ——（古希腊）亚里士多德

战国时代，秦国有位墨家学派的著名大师腹䵍，他学识渊博，为人忠直，奉公守法廉正俭约，很受国人的尊敬。不过，腹䵍的独生儿子却很不争气，他整日游手好闲，不务正业，与一些纨绔子弟结帮成伙，常常惹是生非，违法乱纪。为此，腹䵍日夜担心，但那个年轻人却屡教不改。终于，悲剧发生了。有一天，这个不争气的儿子因为一点小事与别人发生口角，争辩中他抡起拳头，拳打脚踢，最后打死了对方。这件人命案很快轰动了京城，主管秦国司法的最高长官司寇也知道了这件事。依照法律，杀人偿命，腹䵍的儿子就要被处以死刑。可是司寇向来与腹䵍关系密切，交情很深，他想：腹䵍年事已高，这是他唯一的儿子，如果依法执行，腹䵍家就会绝后，这是很残酷的现实。可是，如果不去问罪，满城风雨，民愤沸腾，国法难容。作为全国最高的司法长官，如果对这么严重的杀人大案不闻不问，又是故意失职，徇私枉法。怎么办呢？思前想后总觉得左右为难。最后，司寇终于想出了一个两全其美的办法，既可以保住腹䵍儿子的性命，又不至于使自己受徇私枉法罪恶感的内心折磨，更不会落个庇护杀人犯的罪名。他想：如果把这件事呈到秦惠王那里，必会求得秦惠王的赦免。于是，司寇把这件事的前因后果详细报告了秦惠王，并对惠王说："腹䵍就这么一个儿子，如果杀人偿命，那么为您操劳了一辈子的老臣就会暮年丧子，这不是太可怜了吗？"刚听完这件事，惠王也感到很气愤，但听司寇这么一说，想到腹䵍廉洁一生，如今年龄这么大了，失去这根独苗，实在是太残忍了。于是便下了一道指令，让司寇免腹䵍儿子一死。腹䵍自从知道儿子打死人以后，心情非常沉重。一方面，他恨这个不成器的儿子无故杀人，终于引来了杀身之祸；另一方面，也为自己身为大夫而没能教育管束好儿子而深感内疚。有时，一想到自己的独养儿子将被送上刑场，也不免从心底里感到悲痛。亲戚朋友听说了这件事，纷纷来说情，有的说让腹粹去找秦惠王求情，让他赦免孩子；有的劝腹粹找司寇通融，让他从轻发落。可腹粹婉言谢绝了众人的好意，他对来劝说的人说："杀人偿命这是秦国的法律，这孩子不学好，触犯了法律，理应受处置。我怎能徇私枉法呢?"腹粹横下一条心，就是不去通融求情，只等着孩子受到正法。可是，等了好几天，依然没什么动静，腹粹正纳闷，有人告诉他说："秦王看你年迈，只有一个儿子，已经下令赦免了他。"听了这话，腹粹不仅心里没有轻松，反而更沉重了，于是，马上进宫进见惠王。腹粹对秦惠王说："我那不成器的儿子这次无故打死人，罪不容赦。儿子犯罪也是我管教不严造成的，怎么能对两个都应惩罚的人如此宽容呢?"秦惠王一向佩服腹粹的自律和为人，听了这话笑着说："你儿子是犯了重罪，理应严惩，但我念及你只有这么一个儿子，你年纪又这么大，所以我让司寇免你儿子一死，由你好好管教他算了。"腹粹对秦王恳切地说："臣的逆子无故杀人，不应宽待。杀人偿命，这是法律的规定，大王虽然特别照顾我们父子，但我们不能违背法律，否则以后别人再犯了同样的罪怎么办呢?""那么你忍心让独生子受极刑吗?"秦王又问道。腹粹流着泪说："我怎能不心疼自己的孩子?但我爱他是让他走正路，为国效力，绝不是让他胡作非为。他犯了死罪，做父亲的是不能枉法袒护的。"在腹粹的一再坚持下，秦王终于撤销了赦免令，又重新下了一道命令，把腹粹的儿子处斩了。

廉正护法有时需要非凡的勇气，腹粹为廉灭亲的行为是一般人难以做到的，所以一直受到后人的称颂。

赵奢秉公执法

> 无功不赏，无罪不罚。
>
> ——荀子

赵奢是赵国的田部吏，就是负责收取农业租税的官。在收取农业租税的过程中，他总要碰到一些难啃的骨头，税收工作阻力重重。这一次，他更遇到了一位难缠的超级大户。他就是平原君赵胜。这可是赵国的一位大名鼎鼎的人物。他是赵武灵王的儿子，赵惠文王的弟弟，封于东武（今山东武城县西北），号平原君。惠文王任他为相，对他关爱备至，几乎是有求必应。

地位高，名气大，应酬花费自然逐年增加，平原君也像其他显亲权贵一样，想着法子弄钱，他弄钱的重要手法便是偷税漏税。这样，百姓就苦了。试想：田产大户的税收不上来，国家支出是个定数，还有额外的各种开销，这些费用从哪里来？还不是转嫁到老百姓头上！于是名目繁多的苛捐杂税层出不穷。大户们不肯缴，小百姓缴不起，专司其职的田部吏能不焦头烂额？

这年又到了收税时节，赵奢指挥手下四处征收，一般老百姓的很快收上来了，可豪族巨富像往年一样不理不睬。尤其是平原君家，悍奴刁仆，更是不可一世，收税的差役上门，不是被他们阻之门外，就是遭到他们的羞辱谩骂，一文钱也收不到。平原君家这样，其他豪门便群起效尤，赵奢的工作因而难上加难。按通常的做法，税务官会带上点礼物，到平原君等豪门府上去拜会一次，能收就收一点，不能收就算了，还不忘说些阿谀奉承的话，这是为了结个人缘，以后升官发财好多条门路，这叫公事私办。然后再把他们不缴的税款摊到百姓头上去，自己也乘势从中捞点油水。这样做也不必怕出事，上面有平原君们挡着呢！平原君偷税漏税，赵王不予追究，谁敢去查？这又叫私事公办。可赵奢不愿意这么做，他不甘心眼睁睁地看着百姓受坑害，一心想要把平原君的税款收上来；平原君这根骨头啃下来后，其他豪门的事就好办了。他日思夜想，最后终于想出了一个办法。

这天，赵奢亲自带队到平原君府上来收税，平原君府内管事的像往常一样，不买账，不交税，赵奢毫不留情，当即下令将他逮捕法办。赵奢一路往里走，从门外到门里，从外庭到中堂，一连抓了平原君府上九名管事，抓回去后明正法典，全数斩首示众。消息飞快报到平原君那里，平原君勃然大怒，不由分说派人将赵奢抓入府中，也要将他问斩。赵奢毫无惧色，站在庭前，恭恭敬敬地向平原君施了一礼，然后说："微臣只是一名专司收税的小吏，依法收税是为了维护国家的利益。我确实下令杀了公子府上九名管事，实因这九名管事倚仗公子大名，公然抗拒国家法令。请公子想一想，如果我们当公差的都不维护国家法令法规的尊严，反而千方百计削弱、破坏它，国家就会迅速衰竭。国家衰竭，列国诸侯就会趁火打劫，发动进攻，我们赵国立刻就会面临亡国的危险。我们赵国一旦遭遇不测，公子首当其冲，'皮之不存，毛将焉附'，荣华富贵还靠什么存在呢？所以微臣以为，以公子的身份和地位，更应维护国家利益，履行纳税义务；以公子在高门豪族中的巨大影响，公子如能率先纳税，其他人必能闻风而从，这样，赵国的稳固、强盛岂不指日可待？国家因公子的贤明得以稳固、强盛，从君王到庶民，谁不赞颂呢?”赵奢一席话，说得平原君无言以对。这些道理虽然浅显，但他过去从未认真思考过，如今一听，如醍醐灌顶，情不自禁地连连点头称是。于是平原君态度大变，不仅非常客气地以礼相待赵奢，同时立即下令，要家人如数缴纳了应缴的税款。

平原君明白过来后，对赵奢十分器重，极力向赵惠文王保荐，并将他收税的经过一五一十地讲了一遍，赵惠文王对赵奢的作为也很赞赏，便任命他总管全国赋税。走马上任的赵奢立即着手税收改革，杜绝大户的各种偷漏行为，减免一般百姓的苛捐杂税。不几年，赵国出现了民众富庶、国库殷实的喜人局面。

商鞅执法严明

> 天下之事，不难于立法，而难于法之必行；不难于听言，而难于言之必效。
>
> ——张居正

秦孝公任用商鞅实行变法，为了新法能够顺利推行，在新法令尚未公布之前，商鞅想了个点子来取信于民。他在国都市井的南门外，竖立起三根三丈长的木头，向百姓宣布：谁能把这三根木头搬到北门去，就赏他十金。百姓都很奇怪，谁也不敢去搬。商鞅又宣告说：能搬的赏五十金！有一个人胆子大，把这三根木头搬到了北门。商鞅果然发了五十赏金，以此向民众表明，商鞅是说话算数，决不欺骗民众的。然后就把新的法令颁布出来。新法令推行了一年，国都里不少人议论新法不方便，一些旧贵族更是不满意，太子还公然触犯法令。商鞅认为：法令之所以贯彻起来有困难，就是因为贵族自恃位尊势大，犯了法也无人敢碰，因而随意犯法。为了严明法令，商鞅毅然决定依法处治太子。但太子是国君的继承人，不能施刑，于是就处罚了太子的师傅公子虔，另一老师公孙贾也被处以黥刑（脸上刺字涂墨）。自此以后，再也没有人敢违犯法令了。于是新法得到顺利推行，10 年就取得了显著成效，秦国的百姓十分高兴，家家丰衣足食，“道不拾遗，山无盗贼”，城乡大治。后来商鞅又颁布第二次变法条令，推行了 4 年，公子虔又违犯了法令，商鞅毫不留情地又对他处以割鼻子的刑罚。

天下楷模李元礼

> 治国无法则乱，守法而弗变则悖，悖乱不可持国。
>
> ——《吕氏春秋》

李膺（110年—169年），字元礼，东汉颍川襄城（今属河南）人。他生于官宦之家，其祖父李修在东汉安帝时官至太尉，父李益曾做过赵国相。

李膺以孝廉出仕，他为人清简，很少交友，但所交皆为有志操的人士。李膺疾恶如仇，为官执法公正严明，那些仗势欺人、横行不法的官僚及其门人子弟都非常惧怕他，贪赃枉法的官吏更为他的威名所惧。李膺出仕后，受到当时任司徒的胡广的举荐，很快就升迁，出任青州刺史，辖有6郡70多县，其郡守县令加起来有80多人。李膺到任时，只有任乐安太守的陈蕃因清正廉明、问心无愧而照常处理公务，其他人都因有劣迹，害怕李膺惩治，或告病在家，或弃官而去。

李膺也是一个很有军事指挥才能的人，他任乌桓（古族名，东胡族的一支）校尉时，鲜卑人屡次侵扰边境，李膺亲自率军迎击，每次都得胜而归。一次，李膺率军冲入敌阵，身先士卒，奋勇拼杀，身上多处被砍伤，但他全然不顾，擦干血迹继续作战，直到把敌人打得溃不成军，这次战斗杀敌2 000余人，此后，鲜卑人一听李膺的名字就望风而逃。

李膺做官，由于秉公办事，不徇私情，也不会讨好上下级，所以结怨不少，屡次遭人中伤陷害，后来以莫须有的罪名被免官回乡。李膺回到家乡后，开始招收生徒，讲授经学，门生最多时达到千余人。然而，并非什么人都可以到他门下求学。一次，南阳（今山东泰山以南、汶河以北一带）樊陵看重李膺的声望，想前来拜师求学，但李膺一见他，交谈几句后便断定他是个专事阿谀、心术不正的小人，当即拒绝接纳。樊陵后来靠巴结讨好宦官飞黄腾达，官至太尉，但为有节操的志士所不齿。李膺因自己的品德高尚、坚持正义而威名日重。虽然他已被免官，归乡闲居，但还是有不少的人慕他的才德前来拜望他。有一个叫荀爽的人，把李膺看做自己心中的楷模，因而专程来到李膺家探望他。但赶得不巧，李膺正好要出门，荀爽不愿放过和李膺交谈的机会，就从自己的车下来，把李膺的车夫请下来，自己上车亲自为其驾车，两人边走边谈。李膺办事，他就在外面恭恭敬敬地等着。事毕他又驾车将李膺送回家。后来回到自己的家里，荀爽还高兴地告诉家人和朋友们，他曾亲自为李膺驾车。天下人士追慕李膺，以他为楷模的情景由此可见一斑。

李膺在边关树起的威名经久不衰。永寿二年（156 年），鲜卑人侵扰云中（今内蒙古托克托东北）。桓帝听说李膺有才能镇守边关，便恢复了他的官职，并升任他为度辽将军。李膺到任前，羌族人以及西北的疏勒、龟兹曾多次攻掠张掖（今甘肃河西走廊中部）、酒泉（今甘肃河西走廊西部）、云中各郡，虏掠走不少百姓。李膺刚到边关复任，他们就立即将掳掠的百姓悉数送回到边关前，可见李膺的威严影响之大，他的声名也远播在边境各少数民族人民之间。

延熹二年（159 年），李膺被调任河南尹，当地有一豪强，横行不法，搞得全郡鸡犬不宁。李膺上表请求对其治罪。但那豪强用钱财买通了宦官，又恶人先告状，反将李膺诬陷下狱。幸亏有一位叫应奉的官员上书陈述真情，李膺才得以获释出狱。

李膺任司隶校尉时，仍志节不改，一如既往地惩治贪官恶霸。宦官张让的弟弟张朔，当时任野王（今河南沁阳）县令。他贪婪残暴，多行不法之事。一次，他看上一名姿色不错的妇人，便要强行将其抢夺回家，谁知那妇人已有身孕，因奋力反抗，促成早产，大量出血而死。张朔惧怕李膺办他的罪，事发后便跑到其哥哥张让家中藏匿。张让虽然在朝中很有权势，但也害怕李膺，于是便把张朔藏在其府的连接两间屋子的一根剖空的大柱子中间。李膺接到被害者家人的控告后，马上派人侦察，得知张朔藏在其兄张让家中，立刻带人前去搜查，终于从柱子中将张朔揪出，把他押回洛阳衙门中，审讯完毕便将其处死。张让知道后，马上向桓帝哭诉。于是，桓帝召李膺上殿，责问他：“为什么不报请朝廷就随便定罪杀人?”李膺回答说：“古时候，王公贵族有罪，即便君主饶恕他，主管的官员也要依据法律而行。孔子做鲁国司寇时，到任 7 天便杀了少正卯。现在我到任已有 10 天了，杀一个人是在情理之中的。我到任这么长时间了还不能惩治恶人，心里非常着急，没想到陛下还怪罪我杀人杀得太快了。我自知自己一动就获罪，但乞求陛下留我 5 日，把元凶惩处掉再治我的罪，那时服罪而死也心甘情愿了!”桓帝无言以对，只好任李膺这样处理。但张让从此对李膺怀恨在心。延熹九年（166 年），张让伙同其他宦官及其弟子诬告李膺交结太学游士，广揽诸郡生徒，结为朋党，诽谤朝廷，李膺因此入狱。与李膺有关系的 200 多人，也被定为“党人”，前后收捕下狱。

由于李膺手中有很多宦官亲属行不法之事的把柄，所以他们又怕他在狱中说出去，便向桓帝说：“现在天时不正常，应当大赦天下了。”桓帝对宦官唯命是听，就宣布大赦。但对赦免之人，不准再出来做官，禁锢其终身，这便是东汉第一次“党锢之祸”。李膺出狱后，只能归乡闲居，隐居不出。后来，建宁二年（169年）曾打击过宦官势力的山阳督邮张俭被宦官诬告为有结党之罪而受追捕。受到牵连的“党人”竟扩大至六七百人，李膺是其中之一，这就是东汉第二次“党锢之祸”。此时李膺已60多岁了，乡中有人听到这个消息立刻赶来告诉他，并劝他暂避一时。然而李膺认为死生有命，不必东躲西藏。于是束手就擒，被捕入狱，最终悲惨地死于狱中。

李通秉公办案

> 法者所以爱民也，礼者所以便事也。
>
> ——商君书

李通，江夏平春（今河南信阳西北）人。东汉末年，与同郡陈恭起兵于朗陵（今河南确山县）。汉献帝建安初年，李通率部到许昌归附曹操，因作战有功被封为建功侯，并做汝南郡阳安都尉，执掌一郡的军事大权。

李通对自己要求十分严格，从不居功自傲，更不徇私枉法，受到百姓的爱戴。

有一天，李通听说妻子的伯父在汝南郡所辖的朗陵县犯了法，刚正不阿的朗陵长赵俨为了严肃国法，不因罪犯是自己顶头上司的亲戚而加以宽容，而是公事公办，立即把罪犯抓了起来，并依法判了死刑。

李通正在为赵俨为民除害高兴时，他的妻子哭哭啼啼来找李通，苦苦哀求李通想办法营救她的伯父。李通不肯答应，她劝道：“逮捕判刑的权力虽在县里，但生杀大权却由郡里掌握。只要你说句话，不予批准，伯父就不会被杀掉。你就救救他吧。”妻子说着，声泪俱下。

不管妻子怎样哭求，李通一点也不动心，说什么也不答应。他严肃地劝妻子说：“我正和曹丞相打天下，怎能以私废公呢？你伯父犯了法，理应依法处死。我身为一郡都尉，必须秉公办事、公平执法、为国尽力，不能置国法于不顾！不管你怎么说，我绝不会干徇私枉法的事！”

不久，李通妻子的伯父按赵俨的判决，依法斩首了。

李通不仅没有怨恨赵俨，反而十分敬佩他，夸他忠于职守，执法不阿，说他是做大事的人。后来，李通还请赵俨喝酒，和他交了朋友。

曹操见李通为人耿直，大公无私，十分器重他，不久便提升他为汝南太守，改封都亭侯。

赵俨是颍川郡阳翟（今河南禹州）人，投奔曹操之后初任朗陵长。

后因精明强干，执法如山，历任都督护军、侍中、驸马都尉、河东太守、典农中郎将、度支中郎将、尚书等要职，后封关内侯、宜土亭侯。

赵俨刚正不阿，李通大力支持他。两人大公无私的精神为世人所赞扬，其故事一直流传至今。

董宣办案不畏权贵

为人君者不多听，据法倚数以观得失。无法之言不听于耳，无法之劳不图于功，无劳之亲不任于官，官不私亲，法不遗爱。上下无事，唯法永在。

——慎到

公元 25 年，刘秀凭借武力登上皇帝宝座。不久，他翦灭群雄，定都洛阳，成了历史上有名的东汉光武皇帝。

出身民间的光武帝深知，为了巩固自己的统治地位，不仅要采取利于百姓休养生息的政策，而且要以法治天下，重用和支持那些敢于执法的官吏。

洛阳令董宣被人们称作“卧虎”，是个铁面无私的好官。他认为，朝廷制定的法律不能只管老百姓，就是豪门贵族、皇亲国戚犯法，也同样要严加制裁。

光武帝有个亲姐姐被封为湖阳公主。有一次，湖阳公主的一个家臣行凶杀人，按照法律应当抵罪。董宣闻知此事，毫不犹豫地亲自带上衙役去抓凶手。恰遇那个杀了人的家臣正随湖阳公主出游。董宣见状，立即命令衙役拦住公主的车驾，捉住了凶手。

湖阳公主觉得，董宣在光天化日之下这么做有损她的尊严，因此十分生气地说：“董宣，你这个小小的洛阳令胆大包天，竟然连我的人也敢抓！”

董宣掷地有声地回答：“杀人者抵命，这是朝廷王法，你的家臣也不能例外。”他一边说着，一边把凶手押回署衙，问明罪状属实，就依法斩首示众。

这一下可把湖阳公主气坏了。她打道进宫，哭着向光武帝诉说董宣让她丢尽了面子，要好好教训教训才行。光武帝赶紧把董宣叫进宫来问明缘由。他觉得董宣依法办事，办得很对。

不过为了顾全湖阳公主的面子，就想让董宣给公主磕个头算作赔礼谢罪。

岂知董宦却不肯磕这个头，内侍用劲把他的脑袋往下按，可董宣两手托地，硬是挺着脖子不让把头按下去。

内侍也知道，光武帝这么做只是

想让湖阳公主高兴一点。现在既然董宣死活也不肯磕头赔礼，就向光武帝回复说："董宦的脖子很硬，按不下去。"

光武帝听后，笑着对湖阳公主说："董宣的脖子很硬，你看怎么办呢？"

湖阳公主知道光武帝是在袒护董宣，虽然心中怏怏不乐，嘴里却说："你贵为天子，还对付不了他，我还能有什么办法呢？这事就算了吧。"说完，便起身出宫去了。

湖阳公主走后，光武帝把董宣表扬了一番，还赏给他 30 万钱作为奖励。董宣回到县衙，把这些钱全部分给了手下的官员和衙役。

此后，董宣在光武帝的支持下依法严厉打击那些骄横霸道的不法分子，就是贵族豪门甚至皇亲国戚也不得不收敛一些了。

汉武帝忍痛处斩昭平君

> 私情行而公法毁。
>
> ——管子

汉武帝十分注意自己在下属中的言行和影响。他的女婿昭平君是隆虑公主的儿子，隆虑公主病危时，用黄金千斤、钱一千万为阳平君预先赎免了死罪。隆虑公主死后，昭平君有恃无恐，在京城里骄纵无比，一次喝醉酒打死了夷安公主的保姆，被囚于内宫。因为是公主的儿子，廷尉向皇帝奏请给昭平君定罪。皇帝左右的近侍都为他说情，说公主曾用钱赎了死罪；请免处死罪。汉武帝说："我妹妹快到老年时才生下这么个儿子，临死时把他托付给我。"说着不禁流泪叹息。过了好一会儿又说："法令是先帝制定的，如果因为同情妹妹而违背先帝的法令，我死后有什么面目进列祖的祠庙呢？也对不起天下的百姓啊！"于是批准了廷尉的奏请，给昭平君应得的惩罚，事后他自己却哀痛得不能自已，周围的人看了也很难过。作为手中握有至高无上权力的皇上，在面对自己的亲人即将赴刑时，可以救却不去救，而把天下事、百姓情、国家法放在私利之上，这对古代的君王来说，也是个人品德达到较高程度的表现。

史弼不愿捕风捉影

> 为政者，不赏私劳，不罚私怨。
>
> ——《左传》

东汉后期，官吏和太学生中出现

了一种评品人物的风气，叫做“清议”。国子监太学就是清议的中心。这种清议，实际上是讨论朝廷政治得失的舆论，起着左右官僚升迁前途的巨大作用。太学生评道：“天下楷模李元礼（李膺），不畏强御陈仲举（陈蕃）。”不畏宦官的正直官吏，被加上三君、八俊、八顾、八及、八厨等等美名。这种清议，使宦官大为恼火。宦官指使张成的弟子牢修诬告李膺，说他“用金钱养着一群太学生，又结交各郡国的郡学生员，结成了一个党，大肆诽谤朝廷，搅乱了风俗”。公元166年，汉桓帝下诏令，在全国各郡国逮捕“党人”，并且认定“党人”是叛逆大罪，贴出布告，号召全国上下同仇敌忾，共同搜捕。朝廷还派出了大批的使者，悬赏捉拿“党人”。有的官吏借这个机会公报私仇，举发自己不满意的人是“党人”，反正这一项罪名又不需要任何证据。有的地方官吏被宦官催得无奈，只好胡乱抓几个毫无关系的读书人去交差。

其他郡闻风而动，独有平原郡纹丝不动。平原郡的行政长官是平原相，这时的平原相名字叫做史弼。史弼接了朝廷的诏令，当然不敢怠慢。他看了诏令的内容，忍不住一阵恶心。“又是宦官搞的！”他对从事说，“如今当官，倒成了太监的家生奴隶了！上头一不开名单，二不列罪状，却要下面‘立即缉拿归案’。给他们说，平原郡没有党人！”从事劝说道：“那些不会长胡子的男人怎能听得进这话！依属下看来，大人何不召集各县的大小官吏来这里一同商量？”史弼认为从事的办法不错，就下令召集属官来郡议事。当平原郡的督邮、县令、县尉、县丞都全部到齐的时候，史弼对他们说：“我们平原郡在山东半岛，隔京城洛阳八帽子远，所以我也是消息闭塞，从来没有听说过有什么党人不党人。郡学里的学生，又都是些一心苦读圣贤书的读书人，我也不听说他们与国子监、太学生有什么来往。如今，朝廷要我们平原郡抓‘党人’，这可难住我了。不知列位可知道本郡有些什么党人，他们有些什么罪恶活动吗？”属官们都知道郡守大人的一贯作风，听他这么一讲，人人都表态说：“从来也没有听说过有‘党人’，更不知道党人的所作所为。”史弼听了很高兴，就叫大家抄了诏令去各处张贴，叫从事根据实际情况拟好奏章呈报上去。

平原郡的报告在朝廷通不过。宦官操纵尚书台三令五申，语气一次比一次强硬，一定要平原郡抓捕党人，否则将以“抗旨”论处。史弼横下心不理那一套，一次又一次的上报声称“平原没有党人”。平原郡属于青州部（治所在今山东省淄博市）这个监察区，青州刺史只好亲自到平原郡的治所平原县（今山东省平原县西南）来守着。他问史弼：“朝廷急于收捕党人，几次向平原下达命令。大人迟迟按兵不动，不知是什么意思?”史弼气愤地回答说：“郡里多次上书秉呈：平原没有党人！刺史大人难道从未看过平原的呈文?”刺史声色俱厉地说：“平原地处齐鲁，邻近孔子的故乡，自古以来都是通达之地，儒学生员、达官贵人众多。大人说平原没有党人，敷衍得过去吗?”史弼大声笑道：“有就是有，没有就是没有！大人要我去捕风捉影，我却没有本事变出来！”刺史气急败坏地说：“可总不能说一个没有呀！如今你们平原已经在朝廷挂上了号。你不交出党人，你、我怎么向朝廷交差？像司隶校尉这样的大官都已被朝廷收捕，大人如果再拖下去，恐怕平原郡的大小官吏都会被当做党人逮捕。到时候，大人可别来怪罪我。我这话是有来头的，请史大人三思!”

过了几天，几个下属官员来找郡守，要求史弼把他们当做“党人”收捕入监。他们说：“我们几人都是在国子监肄业后才出来做官的，现在刺史派人来分别警告我们，说：“如果平原郡再不交出党人，将把郡守和全部属官当做党人逮捕。史大人为官清正，在平原郡享有盛誉，平原郡不能没有您。因此，我们请求史大人把我们几个人当做党人交出去。反正只要有史大人在，相信我们会有昭雪的一天。”史弼听了后深受感动，激动地说：“各位愿意牺牲自己保全一郡，我代表平原郡向你们深深致谢。不过，我平生痛恨弄虚作假，如果我现在卖友求荣，那我就与那些不长胡子的臭男人成了一路货色，变成不齿于人的臭狗屎了。此法不妥，此法不妥啊！各位歇息去吧，我自有道理。”

又过了几天，刺史见平原郡毫无动静，又跑来找史弼了。他说：“史大人！青州六个郡，其他五郡都不用操心，就剩平原郡了。大人要我等到什么时候啊?”史弼不咸不淡的说：“是啊，青州六郡，其他五郡大人您都看不中，就盯上我这平原郡了。”刺史无可奈何地说：“不是我有意跟史大人过不去！其他五个郡都已经收捕了党人解上京了，偏偏平原郡说是没有党人。”史弼仰天大笑，说道：“这就怪了？高祖皇帝创立汉家基业，划分天下为十三州、四十一郡，凭的是各地风土人情、民俗出产各有差异，并没有把‘党人’按郡国州县来平均分摊。所以，即使其他五郡都有党人，平原郡为什么一定要有？大人硬说是有，为什么不开列名单、拟附罪状来交给我办?”刺史瞠目结舌，喘了几口粗气才摇手说道：“好，好。我说不过你！下官只好把平原的事情交给中常侍（宦官的高级职务）处理，史大人等着吧!”

过了几天，史弼和其他的官员都被校尉逮捕，关进囚车解往洛阳。平原郡的郡学生员和众多的官吏、百姓都赶来送行，到处传扬着史弼不愿捕风捉影的美名。

虞延严惩马成

言行而不轨于法令者，必禁。

——韩非子

虞延生逢西汉末年，诞于陈留，大概也就是今天的河南陈留一代。此人出生时有一段传说，据说他刚出生时，有一股像白练一样、类似祥云的东西，从他家的上方升起，当时人认为是个吉祥的兆头。及至他长大，身长八尺六寸，腰带十围，力能扛鼎。古人比喻人力气大，总是说某人力能扛鼎，可见虞延力气之大。

可是这个人特殊的并不在于他的一身力气，要说力气，比他大的人多的是。很显然，相对于一身蛮力，更欣赏的是他的胆量和正气，欣赏的是他不畏权贵的正气和胆量。

虞延年轻的时候，当过亭长，仅仅只是一个小小的亭长，和今天的派出所所长差不多。但是在他任内，王莽的贵人魏氏家，有一个门客，相当骄横，仗着魏氏的势力胡作非为，为害一方。魏氏是皇上的贵人，是皇上的二奶或者三奶，很显然，能有人在她头上动土，没有相当的胆量是不行的。这个虞延他就有这个胆量，他带领手下，冲入魏家就把人拿了。说到这里，我要小小地赞一下王莽，王莽这个人大家都知道他篡汉，对他评价不好。但是这个人有点肚量，我是说他有那么一点点肚量。虞延抓了他二奶或者三奶家的人，要搁别人，估计虞延不被砍头至少也要发配流放了。但是王莽这个人也很明白，他知道法令大，所以也没敢把虞延怎么样，只是在他升官的事上给小小地卡了一下。

及至王莽倒台，光武帝刘秀登基，虞延升任洛阳令。当时阴姓人中有南阳美人阴丽华，被光武帝立为皇后，明帝即位，尊她为皇太后，使阴氏称盛于河南南阳。可见阴氏家族在当地有多大的势力。可是这个阴皇后娘家，也有个门客叫马成。这个马成，仗着阴家的势力，胡作非为，大为奸盗之事。这个虞延，因为光武皇帝赏识他，给他洛阳令这个官做，按说虞延应当心怀报恩之心，可是他就是六亲不认，在法令面前，早把皇上丢一边去了。他不惧阴家威吓，把马成收狱拷问。马成出事了，阴家人就来走后门说情，虞延，根本没有给阴氏面子，“阴氏屡请，获一书辄加篣二百”。你说一次情，我就加罚他200，打他200次。弄得阴皇后的弟弟很没面子，就偷偷跑到皇上那里去告状，诬告他执法不公，多有冤案。于是到皇帝巡行道路的馆舍，亲自检查囚犯罪状。虞延让那些案情有可论辩的囚犯站在东边，无理可讲的站在西边。马成于是回身想到东面，虞延上前捉住他，对他说：“你是人中的大蠹虫，长久地依托城社（城社喻权势），不怕熏烧。现在审查核实没完，应当完全依法制裁！”马成大喊说自己冤屈，皇帝的近卫军官用戟刺着虞延，呵斥虞延放开马成。皇帝知道虞延公正无私，对马成说：“你犯了王法，是你自己造成的灾祸！”呵斥让他快走回去。几天后马成被处死刑。从此外戚收敛行为，没有人敢犯法。

虞延作为小官员，不徇私情不畏权势，敢惹王莽的二奶，敢动光武的正宫，确实胆量非一般人能比的。但是同时，在赞赏虞延的胆量的同时，我们还要清楚一个事实，当时的封建帝王，其法令观念是多么得强。不管是王莽还是光武皇帝，在法令面前，都不能徇私情，或者说是不敢徇私情，都要按着法令来。法令要落实，要严格，不但要有铁面无私的执法官，更要有一个严格执法的大环境。如果在王莽和光武皇帝眼中倘若没有一个“法”字，虞延被处死多少次都没人知道了。怕只怕的是，皇帝身边，多了那些牛头马面、为虎作伥的人。

隋文帝惩处三皇子

> 法者，国家所以布大信于天下；言者，当时喜怒之所发耳。
>
> ——刘昫

隋文帝杨坚登上皇帝的宝座后，常常教育自己的儿子要勤政爱民，注意节俭。他还告诫说：“隋朝的国法任何人都必须遵守，不管是谁犯了法，都要受到惩处。”

杨俊是隋文帝的三皇子。他在平灭位于江南的陈朝、结束中国南北朝分裂局面的过程中立了大功，被封为秦王。他既是功臣，又是皇胄，觉得国法是管不到自己头上的。因此，他和他的手下人仗势欺人，霸占田产，巧取豪夺，逼得许多平民百姓和小官吏倾家荡产。

隋文帝听说三皇子杨俊干了许多违法之事，勃然大怒。开始时他出于父子私情，只是严惩了杨俊的几个手下人，以为这下子可以使杨俊有所收敛。岂知三皇子杨俊恶习难改，他不仅依然我行我素，而且竟仿照皇宫的模式营造工府，把天下的许多奇珍异宝攫为己有，还从民间收罗了大量的美女，供他寻欢作乐。

隋文帝看见杨俊如此奢侈腐化，再也无法容忍了。他知道如果再对杨俊庇护宽大，就会使群臣效尤。而且自古以来，还没有哪个上行下效挥霍无度的朝代会长治久安的。正是出于这个考虑，隋文帝断然下令削去杨俊的王号和官职，把他软禁起来。

这件事在朝中引起很大震动。有个叫刘升的将军以为这是隋文帝的一时气愤之举，气一平就没事了。于是他上了一道奏折说："三皇子功劳很大，现在不过是多花了点钱把王府修整了一下，也算不得什么大错，教育教育就算了。"隋文帝批示说："国法不可违，皇子犯法也不能例外。"刘升又进殿跪下替三皇子求情，隋文帝还没有等刘升开口说话，就拂袖而去。

几天以后，朝廷重臣杨素也来劝隋文帝对三皇子手下留情。隋文帝说："咱们隋朝没有'皇子律'，皇子犯法，与民同罪。我倒是想赦免他，可是国法饶不了他啊!"杨素听罢，就不好再开口说话了。

三皇子杨俊眼见父皇拒绝了大臣们的请求，知道死罪不能免。他又急又怕，吃不下，睡不稳，很快就病倒了。他在病中亲自给父皇写了份认罪书，请求从轻发落。隋文帝对送认罪书的人说："你回去告诉杨俊，他办的事国法难容。我惩处他心里也很难过，但只有这么做，才能使子孙后代有所警惕，不敢再胡作非为。不然的话，隋朝的天下是会被很快断送了的。"听了这话，杨俊的病情更沉重了。他几天滴水不进，不久就病死了。

杨俊死后，他的手下人想办办丧事，在杨俊墓前立块石碑。但隋文帝说："立石碑有什么用？要想留名，在史书里把他的事写上几笔就可以了。"随后，隋文帝又吩咐说："要把杨俊的府第充公，奢侈华丽的装饰要全部毁掉。"

狄仁杰廉明断案

> 法者，所以禁民为非而使其迁善远罪也。
>
> ——欧阳修

唐高宗李治在位时，任用过一个著名的法官，他就是山西太原人狄仁杰。他一向以刚毅正直、执法严明和廉正无私而著称。在他任法官期间，一年里曾处理积压案件一万七千多件，因办事公正，人人信服。

有一次，守卫唐太宗昭陵的几个飞骑军校尉，在当地依仗权势，任意欺凌百姓，抢劫钱财，侮辱老人，打骂儿童，当地老百姓对此气愤万分，可是又拿他们没办法，因此，每当这批人出来，百姓都唯恐躲避不及。这件事不久就传到了驻守在当地的将军中郎将权善才那里，权善才可气坏了，马上下令把这几个人抓起来，痛打了他们一顿，又狠狠地教训了他们一番。从此，这几个人对权善才怀恨在心，总想找机会报复。

正巧有一天，权善才在驻地的山边伐树，没留意误砍了昭陵的几棵柏树。得知了这件事，这伙人可乐坏了，心想机会终于来了。于是，马上把这事报告了唐高宗，而且还添油加醋。听到这事，唐高宗大怒，心想，竟敢有人砍自己父亲陵墓上的树，他马上找来狄仁杰，对这位大法官怒气冲冲地说："马上给我把砍树的人抓起来，格杀勿论。"还点名首先要处死权善才。

狄仁杰刚接到这个案子，也很吃惊，马上进行了详细的调查。经过人证物证的反复核实，狄仁杰认为，权善才确实是误砍了树，按照法律，应该免官，但还没到杀头的程度。很快，狄仁杰就把自己调查的结果和根据法律对权善才的处理意见告诉了唐高宗。高宗本以为权善才已被处死，没想到狄仁杰这么办事，没等狄仁杰讲完话，就勃然大怒，厉声斥责说："权善才胆大包天，竟然砍了皇陵上的树，这是目无皇权，大逆不道，我岂能容他。如果不处死他，我不是要承当不孝的罪名吗？"

狄仁杰受到高宗的呵斥，看到皇帝震怒，心里一阵紧张，头上的汗都要下来了。可是他并没有被吓倒，又接着说道："朝廷的法律，是陛下您制定的，作为臣子，我有责任维护法律，如果陛下您杀了权善才，就破坏了自己制定的法律，那么其他人再违反了法律该怎么办呢？所以，我不能执行您的命令杀死权善才。"

这时，在朝的文武百官看到皇帝发这么大火，狄仁杰还敢振振有词地辩解，都为他捏了一把汗，真怕他触怒了高宗，引来杀身之祸，所以纷纷示意他不要再说了。可是狄仁杰并没有停止，又继续说："当初汉文帝时，曾有人盗窃高祖庙中的玉环，文帝要治以诛灭九族之罪，廷尉张释之当面诤谏，最后汉文帝采纳了张释之的建议，处以盗窃犯以弃市之罪，而没有株连其他族人。如今陛下不采纳臣的建议，臣即使死了，也羞于在九泉之下与张释之相见。再说，法律是天下人的法律，是广大老百姓依据的行为准则，没犯死罪的人被您处死的话，那不是失信于民吗？要是有人盗了皇陵上的土，陛下用什么办法来加以重罚呢？我之所以不敢奉行您的旨意去杀权善才，是不想使您蒙受不道德的恶名啊。"

听完狄仁杰这番语重心长地劝谏，唐高宗半天没说出话来，沉思了一会儿，高宗的怒气渐渐地消了。仔细回味狄仁杰的话，高宗终于领悟了其中的道理，于是，便收回了成命，依法免除了权善才的死刑。这件事在朝廷内外引起了震动，大家都佩服狄仁杰临危不惧，舍身护法的行为，对唐高宗能听从正确的建议，改变初衷的胸怀也纷纷赞扬。通过这件事，唐高宗更喜欢狄仁杰了，还授予他侍御史的官职。

清廉刚正不仅仅难在自己守法，不奢侈腐败，更难在当有人要违反法律做出错事时，敢于挺身而出，不畏强权，维护法律的尊严，坚持真理。因为廉总是与正联系在一起的。

姚崇为相不护子

> 法不立，诛不必，而欲为吏者之毋贪，不可得也。
>
> ——顾炎武

姚崇，是我国唐代开元盛世时的宰相。他为官几十年，始终清廉俭朴，严于律己，尤其是反对自己儿子升官的故事，被后人传为美谈。

有一年，唐玄宗新任命了一名吏部尚书叫魏知古，他是个清正不阿的人，与姚崇是好朋友。正赶上在东都洛阳考选进士，魏知古就带人前去巡查。恰巧，姚崇的儿子正在洛阳做一个普普通通的小官，知道父亲几十年的老朋友如今掌管全国官吏的选拔和调动，便来求见魏知古。

“伯父，您一路劳累，这点补品请您补养一下吧。”姚公子非常客气地说着，把几盒补品放在桌上。魏知古一看是老朋友的儿子，自然是很高兴，并没有拒绝送来的礼品。

“贤侄，我看你一表人才，最近在干什么呢?”魏知古很关心地问。

“唉，伯父，您也不是不知道，家父一向对我要求很严，让我在这东都城里任个芝麻小官，见不着什么大世面，也很难有升迁的机会呀!”一提起这事，姚公子马上愁容满面，好像一肚子委屈似的。

魏知古知道姚崇一向教子很严，而且从不因为升迁调任的事为孩子说情，魏知古并不深知姚公子到底才识人品如何，便以长辈的身份语重心长地开导了年轻人一番。最后说：“你父亲这个人的脾气我了解，他不鼓励你入京做官，是想让你再锻炼一下，你应该体谅你父亲的心思才是。”

听了魏知古的话，姚公子恳切地说：“伯父的话我都记下了，只是我远离京城，很难受到前辈们的关照，如果伯父有机会的话，还请多替我美言几句，我一定不会辜负您的期望的。”

魏知古明白姚公子升迁心切，因为是老朋友的孩子，不好多说什么，便安慰他说，自己作为朝廷命官，职责就是任能选贤，提拔有才识的年轻人。你的抱负我已经知道了，不会让你错过好机会的。这些话总算让姚公子转忧为喜。

不久，魏知古巡视完东都的进士考选回到了京城。晋见唐玄宗时，就把姚公子的请求告诉了唐玄宗，并说："姚老相公一向教子很严，姚公子在洛阳也确实是职小位卑，但我对他的才识和为人了解不深，所以并没有答应他的请求。"

于是，唐玄宗就让姚崇进宫，直截了当地问姚崇："你的儿子到底才能怎么样？现在做的是什么官职？"姚崇就把儿子的情况告诉了玄宗，并叹了口气说："我的儿子官小位卑，但他能恪尽职守我就满足了，我看他为人贪欲而不够谨俭，总想着提职升迁。这次魏知古去东都巡视，他很可能去找魏知古疏通说情，我看他很难承担国家的重任，请皇上秉公处理。"唐玄宗见姚崇这样坦率，又毫不徇私情，便非常感动。就对魏知古说："你应该照顾一下姚公子，对姚老相公不能这样不讲情面。"姚崇听到这话，忙说："是我儿子不好，他不按陛下的规定行事，私下求情，陛下不严惩他已经是很宽大了，魏知古做得很对呀！"唐玄宗见姚崇如此深明大义，克己奉公，也非常感动，就同意了姚崇的意见。

姚崇果真没有看错自己的儿子，事隔不久，他的儿子就接受了贿赂，被人告到唐玄宗那里，正好姚崇的一个部下也接受了胡人的礼品，这件违法的事也告到玄宗那里。为此，姚崇心里很不安，为了严明法纪，姚崇请求玄宗依法处理自己的儿子，并引咎自责，辞去宰相的职位。唐玄宗深爱这个忠心耿耿、两袖清风的老臣，再三挽留。姚崇含泪说："老臣是不得已啊，不这样的话，又怎能维护国法、教育后人呢？请陛下成全我的心愿吧。"

对他人依法办事，是清廉，而对自己的亲人不徇私情，秉公执法，更是难能可贵。这种清廉更值得人敬佩和学习。

陈之茂公正取士

> 令在必信，法在必行。
>
> ——欧阳修

陈之茂是南宋时的一个大臣。他对儒家经典很有研究，学问十分渊博。

有一年他被朝廷任命为进士考试的主考官。可巧宰相秦桧的孙子秦埙这一年也要参加进士考试。权倾朝野的秦桧特地把陈之茂召到相府，开门见山地说：

"我孙子秦埙的文章写得很好，你阅卷时要多留意一下。要把他取为状元。办成这件事，我是不会亏待你的。"

陈之茂知道，举行进士考试是要遵守朝廷法度的。秦桧这样做是以权压人。但如果他马上拒绝，秦桧就会撤掉他的主考官。略微一想，陈之茂回答说：

“只要令孙的文章确实出类拔萃，我会按照朝廷定的标准，把他取为状元的。”

秦桧听陈之茂话中有“取为状元”四字，也没有仔细推敲其中的真实含义，就以为陈之茂已经应允了，心中十分高兴。

进士考试结束后，陈之茂把考卷调来一一阅看。他觉得秦埙的文章虽然写得通顺，但山阴（今浙江绍兴）才子陆游的文章更胜一筹。在陆游的文章中洋溢着爱国热情，读后使人激动不已，感慨万分。于是陈之茂毅然把陆游取为头名状元。

秦桧闻讯，气得咬牙切齿。他真想把陈之茂罢官免职，一杀了之。不过他又担心做得露骨会引起众怒，更怕陈之茂把他以权压人的事揭发出来。再说，当状元还要经过礼部复试、皇帝殿试才能最后决定。只要在复试时做好手脚，秦埙也是可以当状元的。想到这里，秦桧暂时忍下了这口气、并派人警告陈之茂说：

“礼部复试，你再多嘴就会掉脑袋的!”

面对威胁，陈之茂义正词严地说：

“我作为主考官，应该公正取士，为国选才。要是因此掉了脑袋，值得。”

接着，陈之茂一面给陆游去信，勉励他为参加复试做好准备；一面给礼部去函，正式通知说：这次由他录取的状元是陆游。这样，如果要另行更改，就必须有充分的理由。

第二年礼部复试的时候，在陈之茂的坚持下，陆游仍被定为头名状元。不过碍于秦桧的面子，礼部把秦埙取为榜眼（第二名）。但是，秦桧并不知足。他竟制造事端，逼走了陆游，然后把秦埙补为状元。

陈之茂对秦桧的做法十分愤慨。他不顾个人安危，向朝廷揭发了事实真相。同时，一些正直的朝臣和应试的进士也纷纷抨击秦桧的丑行，甚至秦埙也觉得面子上没有光彩。在皇帝亲自主持的殿试中，秦埙的文章杂乱无章，自相矛盾，反倒被定为探花(第三名)。

进士考试的名次经过皇帝钦定，就再也无法更改了。秦桧为此气得生了一场大病。

廉希宪为民除害不畏权贵

强人之所不能，法必不立；禁人之所必犯，法必不行。

——魏源

至元十一年，元世祖任命廉希宪为北京行省平章政事。其间，有一个西域人自称是驸马，在城外设营，拘系有钱的人，诬说他们的祖父曾借贷过他的钱，逼迫他们偿还。民众上告到行省，廉希宪命令拘捕。那人大怒，骑着马到了行省的大堂之上，坐在榻凳上，廉希宪命人将他揪下来，按跪在地上，然后责问他说："法律规定不准私设刑狱，你是什么人，竟然胆敢擅自拘捕人？"命令用器械拘系他。那人非常惶恐，连连求饶，国王头辇哥也为他说情，廉希宪才稍稍宽限些，让他回去候审。那人回去后，带领他的全部人马，连夜逃走了。不久，元世祖诏命国王头辇哥归国，让廉希宪独处管理行省事务。一次长公主和国婿入朝，纵情地在郊野打猎，严重地侵扰了民众的生活和利益，廉希宪当面对国婿说，要把情况上奏给皇帝。国婿惊恐万分，急忙入内告诉公主，公主用酒招待廉希宪，说："随从人打猎侵扰了百姓，我不知道。请让我用一万五千贯钱，赔偿他们对百姓的损失，希望你千万别派遣使者上奏皇帝。"自此以后，权贵们路过这里，都不敢骄纵扰民了。

朱元璋挥泪斩女婿

法不阿贵，绳不挠曲。法之所加，智者弗能辞，勇者不敢争。刑过不避大臣，赏善不遗匹夫。

——韩非子

"朝为田舍郎，暮登天子堂"，出身贫苦的朱元璋当上皇帝后，最忧心的是蒙古骑兵频繁的骚扰，还有西北边诸少数民族国家的入侵。他采纳大臣们的建议，在边关设茶马交易市场，用出产于山南（今陕西汉中、安康两市）和川北的茶叶换他们的马匹。100斤茶叶可换1匹上等马。自实行茶马交易以来，每年外销300万斤茶叶，得马3万匹。3万匹马可扩充一支3万人的骑兵队伍，壮大了明朝的国防力量，又削弱了敌国的力量；满足了少数民族饮茶的需求，又增加了茶农的收入、充盈了国库，真是一举数得！

但有一年，茶叶外销呈萎缩的势

头。此时，北方蒙古人虎视眈眈，明朝要扩充骑兵队伍急需大量马匹，朱元璋为此急得睡不着觉，速派铁面无私的都御史邓文去陕西、四川、甘肃等地调查茶马交易萎缩的缘由。一查便明，原来是走私盛行，一些官吏和茶商用高价收购茶叶，然后买通关隘，或仗势闯关，直接出境，交换少数民族的金钱、药材、毛皮等物，牟取暴利。

朱元璋甚为恼怒，说道："如此下去，怎能制蕃人于死命，固我边防?"于是颁诏：凡走私茶叶者，或关隘把守不严放走走私茶叶者，一律凌迟处死。

洪武年间，朱元璋派他的女婿欧阳伦出使西域。公主恋恋不舍，但皇命在身，也留他不得，于是千叮咛万嘱咐地送夫君上路。

这位欧阳伦立过一些战功，他的官衔是都尉。他一身戎装，骑在高头大马上，儒雅而威武，作使者可显示大明朝的气派，朱元璋十分欣赏。朝中人都认为欧阳伦是皇帝的乘龙快婿。

欧阳伦一行人从京都出发，十几天后到了长安——丝绸之路的起点。他早就听人讲过，西域的人"宁可一日无食，不可一日无茶"，巴蜀茶在西域十分走俏，心想：何不利用职务之便，大捞一把!

欧阳伦于是在长安稍事休息，一面却派心腹管家周保去川北向地方官吏"购买"茶叶。驸马爷"买"茶，巴结尚且来不及，谁还敢收驸马爷的钱呢？周保没用多长时间，便为驸马爷搞到了50车巴蜀茶叶，沿栈道浩浩荡荡运往洮河茶马司官卡，并准备向兰州进发。至于刚刚颁布的茶法，大家认为：那是约束老百姓的，刑不上大夫嘛，能把皇帝的女婿咋样？

周保押运茶叶的事传到都御史邓大人的耳朵里。邓大人可不管你是不是驸马爷，他要对朝廷负责，对皇上负责。于是，带领精干随员跟踪追击，一直追到洮河茶马司官卡。邓大人不容分说，命令周保停运茶叶，并等候处置。

周保将50车茶叶被扣的事告诉驸马爷欧阳伦，欧阳伦当即带领一队军卒气势汹汹地赶往洮河关卡。欧阳伦根本不把邓大人放在眼里，满不在乎地说："邓大人，对大明朝使臣的车辆也要盘查么?"

"要查!"邓大人的口气十分坚决，"皇上亲口告诉我，就是一只苍蝇飞过，也要看它是只公的，还是只母的。"

"那你就试试看吧!"欧阳伦威胁道。

"欧阳大人，"邓大人鼓足勇气说道，"在下只好冒犯了。"

其实，何须查呢？50车茶叶一字儿摆在官道上，押车的健卒整装待发。邓大人不客气地说："驸马爷，您走私茶叶50车，证据确凿，下官禀明圣上，听从圣上裁处。”

欧阳伦恶狠狠地说：“邓大人，你有几个脑袋？”

“下官只有一个脑袋。”

“误了我出使西域的大事，你该当何罪？”

“理当斩首。”

“那你还敢挡我出关？”

“下官挡您是死，放您也是死。前者只是砍头，后者凌迟，且祸及家人。欧阳大人，您处在我的位置该如何选择呢？”

邓御史的话说得委婉，且合情合理。欧阳伦却恶狠狠地说：“如不放行，当场打死！”并指挥兵丁殴打巡员，强行闯关。

邓御史见驸马爷来横的，也不含糊，便将官袍拽起，和众巡员一起堵住官道，纵使被打得遍体鳞伤，也不退后半步。双方僵持了几个时辰，巡员终究敌不过军卒，50 辆装满茶叶的车子破关而出，向兰州进发。

欧阳伦犯案当天，邓大人便将这位驸马爷走私茶业之事写成折子派人日夜兼程速递京师。

朱元璋看罢折子，跺脚大哭，又哭又骂：“欧阳伦，你这个混账东西！当了东床驸马，是少了你的吃还是少了你的穿？你哪根神经出了问题？堂堂驸马爷啥不可以干，偏偏要去走私茶叶？”

他正琢磨该如何处置欧阳伦，公主哭哭啼啼地来了，随后跟着皇后娘娘。不用说，母女俩是来为欧阳伦求情的。

皇后问道：“皇上，你打算怎样处置我女婿？”

“王子犯法与庶民同罪。”

“你就忍心让你爱女守寡？你可是公主的父亲、欧阳伦的丈人呀！”

朱元璋不去看她母女俩悲哀的样子，以免动摇了自己的决心，坚决地说：“朕首先是大明的天子！朕不能因私废法。你俩下去吧！”

宫廷里的这一幕，欧阳伦做梦也不会想到。

明成祖朱元璋当即从京城禁卫军中派 10 余名兵丁，有一个叫张山的武官带着，日夜兼程，前去兰州逮捕驸马爷欧阳伦。

朱元璋耐着性子等了十几天，张山回京都复命，还带回一颗人头。打眼一瞧，那人头面相陌生，张山说：“皇上，我们去得迟了，欧阳伦已畏罪逃跑，不知去向。走私茶叶那事全怪管家周保，是他怂恿主子作科犯禁。因此下官斩下他的人头，回朝复命。”

朱元璋方才想起，张山是欧阳伦儿时的挚友，准是他提前通风报信，有意放走了欧阳伦。他也想就此不了了之，突然边关报警，来自北方的铁骑越过长城，侵犯大明边境。一报未了，二报已到。急召大臣庭议，皆言大明骑兵须扩充实力，急需数万宝马良驹，否则无力抗敌，大好河山就只好任敌人蹂躏。庭议后，朱元璋满脑瓜子装的就是马！马！马！——于是又想到茶马交易，想到刚颁布的《茶法》，于是又想到欧阳伦。

"胆大的张山，竟敢诳朕!"朱元璋大喝一声，"来人!"

张山正暗自得意，放跑了驸马爷，且将事做得天衣无缝，公主还有皇上，还不知怎样奖赏他呢！几个身形高大的健卒前来抓他，那颗得意洋洋的心一下子掉进了冰窖。面见皇上，只等着砍了吃饭的家伙。也后悔自己太胆大了，皇上是好蒙的么？只听朱元璋大喊一声："张山——你可——"

张山正准备回答"小臣知罪"，不料皇上的话转了弯。皇上说："张山，你可立了大功劳，奖赏黄金50斤。"

张山那颗悬着的心缓缓地落地了。站立一旁准备行刑的健卒愣住了：皇上咋一时糊涂了？不是令我等带人犯么？咋不杀头反而奖赏黄金50斤呢？

张山磕头如捣蒜，连连谢恩。皇上又压低声音说道："张山，那事未了，我提升你当兰州知府，让你再立新功。你心中明白?"

张山揣摩皇上的意图：大概是朝中有人怀疑皇上执法不严，有意网开一面，故让他去兰州假戏真唱，以平息对皇上不利的社会舆论。张山心领神会，再次磕头谢恩。第二天，便迫不及待地去兰州上任。

再说欧阳伦逃亡在外，两月后潜回兰州，见城头高高挂着一颗人头，细一瞧，那不是自己的人头么？摸摸脖子，项上人头仍然好端端地长在脖子之上。他猜想，准是兰州知府玩的花样，让世人相信他欧阳伦已"立地正法"，走私茶叶的这页书也就算翻过去了！不会再提了！一打听，原来新任兰州知府是自己的好朋友张山，为保全他的性命曾通风报信让他逃之夭夭，大概为了平息社会舆论，又来个以假乱真。

欧阳伦悄悄去见张山，张山说："驸马爷，这是皇上的有意安排。我算准了，皇上到底舍不得杀他女婿呀!"

"张山兄，我现在该咋办呢?"欧阳伦问道。

"你化装，速回北京，求公主救你。然后仍回兰州，隐名埋姓，等待时机，东山再起。"

欧阳伦采纳张山的鬼点子，扮成穷书生模样，回到京城。见了公主，免不了二人抱头痛哭一阵，然后卿卿我我一番。一个宫女认出了欧阳伦，于是此事当喜讯一般在宫中传遍，并传到了皇帝的耳朵里。不出朱元璋所料：欧阳伦仗着驸马爷的身份，有恃无恐，不仅潜回宫中，还胆大包天地拉上公主前来求情。朱元璋杀气腾腾地说："将欧阳伦拿下!"

公主跪地求情，朱元璋不为所

动，一声不吭。公主哭哭啼啼地去搬母后，希望母后能说动父王法外施仁。待公主和母后来求情时，欧阳伦已人头落地，魂飞爪哇国。

那个张山也算命大，皇上说："功不赏，过不究，哪里来，哪里去，还是回禁卫军里当武士。"

明太祖执行《茶法》动了真格的，连驸马爷也因此掉了脑袋，往后呀，谁还敢走私茶叶呢！

秉公执法的况钟

> 刑滥，则小人道长；赏谬，则君子道消。
>
> ——吴兢

况钟严惩六恶吏

明朝况钟刚刚出任苏州知州，狡猾的下吏抱着一大摞公事案卷呈上，悄悄试探他。况钟斜着眼，不问事情的曲直是非，统统糊里糊涂地签上个"可以"。

这下，那些为非作歹的下吏们打心里藐视况钟："还说厉害呢，草包一个，没一点本领！"衙门内的漏洞立即越来越多。

这所有的一切，况钟都视而不见。谁都没想到，况大人赴任苏州前，皇帝悄悄召他进入朝堂，赐给他亲笔签署的诏书。

一个月后的某天，况钟命令："所属官员统统聚集州府大堂，本官要宣读皇帝的诏书。"

州府大堂上，黑压压跪满官员。况钟宣读诏书："所属官员如做不法之事，况钟有权自己直接捉拿审问。"诏书中这句话像锥子般直扎进官员们的耳朵中，他们全惊呆了。

宣读诏书才罢，况钟马上升堂，众官员全部提心吊胆、忐忑不安。

况钟朗声传令：召州府中掌管文书的六个小吏统统上堂！况钟突然沉下了脸："半个月前，你们瞒了我一件事，侵吞 3 000 两白银，是吗？10 天前，你们又骗了我，侵吞 2 000 两白银，对吗？"

六位掌管文书的小吏大惊失色：这，这，他怎么这样了如指掌！马上叩头如捣蒜，求饶不已。

况钟长叹一声："你们已经晚了，我不能忍受太多的烦琐审判手续。你，先自己脱光衣服。"话音才落，那个被手指点到的小吏乖乖脱下衣服，四个粗壮的衙役受令，把他凌空架起高高地扔到空中。这小吏落地，马上就摔死。很快，这六个小吏统统这样一命呜呼，又马上给悬尸集市示众。堂上贪官个个吓得浑身似筛糠般抖个不停，唯恐遭受同样的命运。

这事威震姑苏百官，地方恶习马

上改观，面目焕然一新。况钟被百姓称为“况青天”。

况钟擒偷油之鼠

无锡县有个卖肉为生的尤葫芦，因生意亏本，向亲戚家借了15贯钱，回家再作营生。晚间，当地赌棍娄阿鼠去尤家偷窃，杀死了尤葫芦，盗走了15贯。

这事牵扯到尤葫芦的继女苏戌娟和外地客商熊友兰，他们被无锡知县屈打成招，承认同谋杀人，窃钱私奔。

苏州知府况钟奉派监斩两人。两人高呼冤枉，况钟觉得案情确有不实之处，便向上峰请求复查。他来到尤葫芦家中，在床后寻到一粒骰子。但查访乡邻，都说尤葫芦并无赌博恶习，当地只有娄阿鼠是个赌棍，但此人已失踪好久。

况钟假扮一个测字先生，几经周折在惠山脚下的一座破庙里寻到了娄阿鼠。娄阿鼠做贼心虚正求神灵保佑，见测字先生来到，便取自己名字中的“鼠”字求测，以卜凶吉。

况钟问道：“你是自己问卜，还是代人测字？”

娄阿鼠掩饰着说：“我是代人测字。”

况钟说道：“老鼠惯于夜间活动，而且善于偷窃。此人一定犯了偷窃的官司。”

娄阿鼠一听不由心惊肉跳，但又急于要听下文。

况钟继续说道：“老鼠喜爱偷油，所以被窃之人姓尤，偷油油漏，这场官司恐要败露。”

娄阿鼠更加慌张了，问道：“可有解救之法？”

况钟踌躇了一会问道：“若要解救，你必须以实话告我，这字是测人还是你自己。”

“是我自己，先生救我。”

况钟面露笑容，说道：“老鼠钻洞，无人寻得，洞即是穴，鼠加穴即为‘窜’（“窜”的繁体字是“穴”字下面一个“鼠”字）。当今之计，你只有逃窜为上策。”

娄阿鼠哭丧着脸说：“偷来的15贯钱已被我用尽，我已身无分文，如何逃走啊！”

“不妨！”况钟说，“我雇有小船一只，正要开往苏州，你不妨跟我同行。”

娄阿鼠大喜过望，便随同况钟前往码头，果见那里停有一只小船。正待上船时，娄阿鼠突然喊道：“你不是测字先生！”

况钟以为情况有变，不由大吃一惊，问道：“你说什么？”

“我是说，你不是测字先生，倒是救命菩萨。”

小船直驶苏州。娄阿鼠糊里糊涂地被带到府衙，当即被押进监狱。

次日，况钟将一干人犯提上大

堂审问，娄阿鼠见威严地坐在公案后面的苏州知府就是测字先生，自知事情败露。待等乡邻等人证和骰子物证出现他眼前时，见再也无可抵赖，便如实招供了杀人谋财的经过。

戚继光责罚亲娘舅

> 尽忠益时者虽仇必赏，犯法怠慢者虽亲必罚。
>
> ——诸葛亮

明朝嘉靖年间，被称作“倭寇”的日本海盗勾结中国的土豪奸商经常侵扰山东和闽浙沿海，给当地群众带来很多灾难。为了保国安民，年仅26岁就升任山东都指挥佥事（相当于地方军区参谋长）的戚继光明确宣布“封侯非我意，但愿海波平”，发誓要担负起抗倭重任。

戚继光是在嘉靖三十二年（1553年）到职管事的。当时，明朝军队已很腐败。在山东各卫所，领饷发粮人人有份；调遣使用无人应声。军中将士懒散成风，纪律松松垮垮。显然，依靠这样一支缺乏战斗力的军队，是不能战胜倭寇的。

为了改变这种状况，戚继光到职后办的头一件大事就是整顿军纪。

起初，尽管戚继光公布了各项纪律条规，但许多将士觉得他年纪轻轻，有些瞧不起的样子，所以违犯军纪的事情经常发生。后来，戚继光抓住几个典型狠狠地严办了一下，将士们才知道敬畏，不敢以身试法了。

但是，有个军官是戚继光的亲娘舅。他以长辈自居，并没有把整顿军纪放在心上。有一次，他私自出营喝酒，违犯军纪，造成了很恶劣的影响。

亲娘舅违犯军纪怎么办？军中将士当面缄口不言，可在背后却纷纷议论。

有人说：“戚将军执法严明，是不会袒护亲娘舅的。”

也有人说：“戚将军对咱们管得真叫严，对亲娘舅可不敢来硬的。”

还有的人说：“如果这一次戚将军不惩办他的娘舅，以后对咱们也不敢要求得太严格了。”

“……”

其实，戚继光这时心里也很矛盾。他想：娘舅违犯军纪，处分吧，别人会说自己目无长辈，无情无义；不处分吧，人心不服，这整顿军纪的事就进行不下去了。他经过再三考虑，觉得国事应当重于家事，军纪应当高于家规。先执行军纪，再补上家规，就可以公私兼顾，做到两全其美。

于是，戚继光立即召开军人大

会，当着将士们的面，严厉地审问娘舅，根据有关的纪律条规，给了娘舅应有的处分。戚继光这个不徇私情的举动，赢得了将士们的衷心拥护。

当天晚上，戚继光又以外甥的身份把娘舅请到家里，恭恭敬敬地赔了礼，然后十分恳切地说："您是我的亲娘舅，论辈分，我应该尊敬您，不能使您失面子；但您又是军人，是我的部下，您违犯了军纪如果不受处分，我就会号令不行，整顿军纪也会成为一句空话。您知道军队要打胜仗不能没有纪律。讲纪律就不能有私情。我的这番苦心，您老人家要谅解呀！"

听了戚继光的肺腑之言，娘舅扑通一声跪倒在地，十分激动地说："你执法不分亲疏，做得很对。请放心吧，我以后再不敢违犯军纪了。"

此后，戚继光在他领导的部队中建立了铁的纪律，令行禁止，从而大大增强了部队的战斗力，使这支称作"戚家军"的部队成了抗倭斗争中的主力。

海瑞秉公执法

> 富与贵，是人之所欲也。不以其道得之，不处也。贫与贱，是人之所恶也。不以其道得之，不去也。
>
> ——《论语·里仁》

海瑞验尸明真相

明朝嘉靖年间（1522 年—1567 年）的一天，浙江省淳安县的一个小山村里的村民胡胜荣、胡胜佑兄弟俩，抬着大哥胡胜祖的尸体，踏着弯弯小路，到了县府门口，跪在衙门口直喊冤屈，要求县官为民做主，惩治杀害哥哥的凶手邵时重。案子报到淳安知县海瑞那里。

海瑞仔细查看尸体，只见全身上下都有血迹和伤痕，他便问兄弟俩要怎样处置杀害哥哥的山民邵时重。

兄弟俩异口同声："还我田地，杀凶手替我大哥报仇！"

邵时重在大堂上一跪三磕头："争山地之事确有过，但杀人之事从没有，请知县大人明鉴。"

海瑞再次验尸，发现死者身上的血迹洗不掉，不像真血迹。

他派人到山寨找来胶脂，和在伤

痕上面用火烤一会，然后再洗刷。洗刷了几次，盆里的水发红了，但伤口中的骨头上还留有红血。这哪里是血迹？于是，海瑞严厉审问兄弟俩，在事实面前，胡氏兄弟不得不承认是诬告。

原来，胡胜祖过去同邵时重曾有过争夺山村土地的纠纷，胡家一个外甥也同邵时重家有过宿怨，他们对邵时重怀恨在心已久，正好这时候胡胜祖发病突然死去，胡氏兄弟以为报仇时机已到，便在大哥身上作了假伤痕，又涂上赤脂，冒充血迹。没想到机关算尽还是没能逃过海瑞的眼睛。

海瑞智惩胡公子

海瑞曾是明代淳安县令，当时奸相严嵩得势，气焰很嚣张。海瑞的顶头上司是闽浙总督胡宗宪，此人是严嵩的得意门生，他倚仗着有大靠山，不可一世。

一天，胡宗宪的儿子带着一帮浪荡公子哥到淳安闲逛，并派人请县令安排食宿。胡公子的恶名海瑞早有所闻。他想了一下，关照专管接待的驿站公差说：“他们不是奉公而来，照规矩可以不接待。不过他们既然来了，就让他们住下，一日三顿便餐就行了。如果他们胡作非为，及时报我。”

胡公子一伙在淳安住了一天，便有人传来消息，说这帮人抢掠东西，调戏妇女，闹得城里鸡犬不宁。海瑞脸上不露声色，心中却生了一计。

晚上，胡公子等人吃饭时，桌上只摆了三菜一汤，而且无酒。胡公子便破口大骂，还把桌子掀翻。驿站公差辩解了几句，胡公子不由分说便命随从将他捆绑起来，吊打一顿。

海瑞大怒、命衙役们将胡公子一帮人捆到公堂受审。胡公子一见海瑞，不肯下跪，高叫：“我是胡总督的儿子，你这样对待我，要让我父知晓，轻则革职，重则性命难保！”

海瑞哈哈大笑说：“总督大人我是知道的，他可是朝中严太师多次夸奖过的廉洁奉公之人。”

“知道就好，赶快松绑，给我赔罪！”胡公子趾高气扬地说。

海瑞忽地沉下脸道：“胡大人是大清官，你是他公子，怎会如此胡作非为？你哪一点像胡大人家的人！你老实说来，你是谁家的恶少，竟敢冒充胡大人的公子，败坏胡大人的名声？”说罢让衙役重打胡公子40大板。

胡公子的一个家奴忙跪下说：“大人息怒，我们出游有老爷的亲笔信，可不是冒充的。”

海瑞又拍了一下惊堂木：“大胆小贼，竟敢伪造胡大人信件，再打40大板。”

胡公子一伙人，吓得魂不附体，连连磕头求饶。

海瑞立即给总督府写了个公文，说有一起冒充胡大人亲属的案件，要求严办，接着派人押着犯人连夜赶往总督府。

人押走后，县吏们很为海瑞担心，因为胡公子确实是总督的儿子。海瑞说："正因为是真的我才说他是假的，不以真当假，岂可打他40大板？"众人恍然大悟。

不出所料，胡总督对此果真是哑巴吃黄连有苦说不出，奈何海瑞不得。

海瑞审十载积案

嘉靖四十年（1561年），巡按崔栋把一件疑难案子移到淳安县，点名由善断疑案的知县海瑞全权审理。

海瑞了解清这案子的来龙去脉，心里沉甸甸的："这案子拖了10多年，千头万绪啊！"

10多年前，桐庐县的一条河中发现了一具尸体，身上压着一块大石头。捞上后经人辨认，知是县民徐继的妹夫戴五孙。桐庐县官根据徐继提供的线索，动用大刑，逼吏员潘天麒和戴妻徐某承认是"因奸杀夫"，判徐氏凌迟处死、潘天麒斩首。经杭州府、大理寺（中央最高审判机关）复审，终于驳回。桐庐县、建德县、遂安县三县知县会审，审出徐继为"帮凶"。

于是，"帮凶"徐继拟处绞刑，"淫妇"徐氏仍处凌迟，"奸夫"潘天麒仍处斩首。徐氏、潘天麒屡次告冤，上面屡次难定。整整拖了10多年，这案子终未定下。

半夜三更，海瑞仍借着烛光在细阅卷宗，越往下看，心里疑点越多：徐氏跟戴五孙结婚后，感情一直很好，生了二男一女，怎么会谋杀亲夫？潘天麒有妻室儿女，并非好色之徒，"奸情"从何说起？他又翻翻原判决书，一行字赫然入目："徐氏串通了他哥哥徐继，潘天麒串通家中仆人潘小毛，掩护他俩通奸。"海瑞更是生疑："世上哪有这种大事声张的通奸？"

海瑞脱去官服换成便装，深入邻里，细细查访。他找到了一条重要线索：徐继的母亲汤氏曾经借给女婿戴五孙三两银子。后来，徐继多次向戴索付，但都没讨到。

海瑞心中有了底，回衙后再次提审徐继。徐继眼珠骨碌碌转，正欲狡辩，海瑞突然厉声呵责："大胆刁民，为了三两银子就杀人害命，还想抵赖吗？"

徐继见那形势，是纸包里藏不住火了，颤抖着交代害人经过——

戴五孙借了三两银子久久不还，徐继怀恨在心。那天，潘天麒带着仆人潘小毛因公外出，投宿在戴五孙家。戴五孙外出买酒菜招待，正好碰上徐继，便乐呵呵请徐继一块儿去他家喝酒。

徐继沉下了脸："三两银子到底什么时候还？"

戴五孙忙请求："手头较紧，宽

限几天吧！”

徐继恶声恶气发怒：“我看你是千年不赖，万年不还了！”

戴五孙气不过，回嘴顶了几句。徐继恼羞成怒，操起身边的石块，砸死了戴五孙，再将尸体扔进河里。

徐继气喘吁吁讲完这些事，口吐白沫，晕死在大堂上。一件十载积案，终于水落石出。徐氏和潘天麒的生命和名誉得以保全。